追梦者

2023

陕西省交通运输工会委员会　编

陕西新华出版
陕西旅游出版社
·西安·

图书在版编目（CIP）数据

追梦者．2023 / 陕西省交通运输工会委员会编．
— 西安：陕西旅游出版社，2024.5
ISBN 978-7-5418-4598-7

Ⅰ．①追… Ⅱ．①陕… Ⅲ．①交通运输业－先进工作者－先进事迹－陕西－2023 Ⅳ．① K826.16

中国国家版本馆 CIP 数据核字（2024）第 094104 号

追梦者（2023）　　　　　　　陕西省交通运输工会委员会　编

责任编辑：邓云贤
出版发行：陕西旅游出版社
　　　　　（西安市曲江新区登高路 1388 号　　邮编：710061）
电　　话：029-85252285
经　　销：全国新华书店
印　　刷：西安盛业印务有限公司
开　　本：889mm×1194mm　　　1/16
印　　张：12.5
字　　数：124 千字
版　　次：2024 年 5 月　　第 1 版
印　　次：2024 年 6 月　　第 1 次印刷
书　　号：ISBN 978-7-5418-4598-7
定　　价：79.00 元

目录

陕西省职业技能大赛

陕西省梦桃式班组

陕西产业工匠人才

陕西省交通运输系统优秀班组长

陕西省"五星级"厂务公开职代会单位

陕西省劳动竞赛优胜集体（班组）、优秀个人

◎ 陕西省劳动竞赛优胜集体

◎ 陕西省劳动竞赛优胜班组

◎ 陕西省劳动竞赛优秀个人

全国工人先锋号

路畅人和　阳光永驻

——记全国工人先锋号获得者陕西交通控股集团有限公司西长分公司机场
　　管理所机场西收费站

　　陕西交通控股集团有限公司西长分公司机场管理所机场收费站（以下简称机场西收费站），成立于2003年9月，隶属于陕西交通控股集团有限公司西长分公司机场管理所，位于西安咸阳国际机场以西2000米处，是通往机场的"西大门"，担负着迎送四海宾朋及国内外重要礼宾车队的接待任务，是展示陕西交通形象的重要窗口。机场西收费站现有职工67人，其中男职工16人，女职工51人，平均年龄35岁；党员11人，团员2人，是一支思想过硬、团结奋进、业务娴熟、纪律严明、作风扎实的高素质收费队伍。现有车道20条，7进13出，其中ETC车道3进5出，出入口日均车流量4.5万辆，单日最高车流量达5.3万辆。

　　机场西收费站建站20年来，始终坚持"发展现代交通、奉献一流服务"的宗旨，深化内部管理，塑造外部形象，倾力打造"阳光机场西"服务品牌，丰富了以"路畅人和　阳光永驻"为亮点的西长路域文化，赢得了社会各界的广泛赞誉。

多年来，机场西收费站先后获得"全国交通运输行业文明示范窗口""全省交通系统文明公路收费站""陕西省收费公路管理规范化优秀单位""陕西省高速公路通行费征收专项整治活动先进集体""陕西省劳模示范岗""五星级收费站""第三届最美中国高速公路优质服务窗口""梦桃式班组""陕西省交通运输系统优秀班组"等荣誉。

精管理，运营工作有秩序

以"阳光机场西"服务品牌建设为依托，通过修订完善各类收费工作制度，规范收费工作流程等，全面推进收费工作规范化进程。严格量化考核，将业务工作、劳动纪律、文明服务等纳入考核范围，有效增强了职工争先进、比先进、赶先进的积极性和执行纪律制度的自觉性，使各项工作达到程序化、规范化、标准化。强化堵漏增收力度，在严打"偷逃漏通行费"的专项活动中，严格把关，坚持收费政策，确保通行费颗粒归仓。

激活力，提升素质育人才

在工作中，该站积极推进学习型队伍建设，通过春训、业务培训等活动，确保员工熟悉收费公路相关法规政策、特情车辆操作、机电维护、安全生产、心理健康等知识。收费站先后诞生了"女子收费班""梦桃式班组""交通运输系统优秀班组"等优秀团队；并涌现出了一大批业务能力强、服务质量优、职工群众评价高的先进典型，有"陕西省劳动模范"张红娟、第六届"最美中国路姐"马娇炜、第八届"最美中国路姐"杜敏；先后培养出内训师10名，切实让"传帮带"工作机制落地生根、开花结果，着力营造"比学赶帮超"的浓厚氛围。

善创新，开拓进取出业绩

该站多措并举，创新开展堵漏增收工作，包括：做好现场资料的收集及异常数据的分析与追踪；定期清查票卡，关注手动落杆、闯关、环检等报表信息，对异常车辆进行回查和核对；重点稽查有偷逃漏通行费嫌疑、频繁假冒绿色通道的车辆，提升收费稽核效能。在全体职工的共同努力下，机场西收费站创造了良好的经济效益和社会效益。该站还深入开展ETC宣传推广，创立"一站两点"，方便司乘人员；积极采取"走出去"模式，与车管所对接，协调好车管所ETC发行网点进驻办理的一切事宜，实现车辆挂牌、审验、ETC办理"一站式"服务。

树品牌，"阳光"文化远名扬

机场西收费站全力打造以"塑造阳光形象、实施阳光管理、提供阳光服务、创建阳光团队、营造阳光家园、贯彻阳光执行"为支撑的"阳光机场西"服务品牌。首先，提升软实力。该站立足自身实际，凝聚出"热情、活力、坚守、奉献、和谐"的阳光精神，提炼出"五心"（爱心、贴心、称心、细心、耐心）与"五美"（外在美、心灵美、信仰美、服务美、体验美）的核心服务理念，擦亮"金"字招牌，奉献"阳光"服务。其次，提升硬实力。该站打造文化宣传阵地——阳光展室，首创顺应智慧交通大发展的新型电子服务监督牌，增设可提供信息服务数字化、网络化、现代化新体验的智慧服务亭。最后，在工作中引用竞争机制。积极开展"阳光大使"评选活动，从而建立了文明优质的工作秩序，增强了服务软实力，文明服务水平的提升得到广大司乘人员及业内的认可。

挖潜力，志愿服务我先行

机场西收费站在收费运营中积极开展星级收费员创建活动，率先编创班组"微笑服务操"，并在管理所、分公司推广，得到了高速公路收费一线员工和各级领导的一致赞扬。结合收费站特点，紧贴日常工作拓展服务内容，先后开展了英语口语及礼仪知识培训，提炼出与外宾交流最常用的对话短语，制作成便携式备忘卡片，供员工学习和在工作中使用，有效解决了员工只会看不会说的"哑巴英语"难题。

为提升服务社会的能力，该站成立了"阳光机场西志愿者服务队"，注册志愿者67人，近三年来，累计服务时长8120小时，先后开展了春运暖冬行动、爱心助学、扶危助困等志愿活动，全心全意为司乘人员提供优质服务，人民群众满意度达98%以上。

心有所信，方能行远。在今后的工作中，机场西收费站将起到工人先锋号模范带头作用，紧抓新时代交通大发展的机遇，继续严格规范管理，不断提升窗口服务质量，全面建设一流队伍，奉献一流服务，再创一流业绩，团结一心，拼搏奉献，为建设交通强省作出新的更大的贡献。

全国最美货车司机

点滴微光汇星河

——记全国最美货车司机万大军

　　陕西的货车司机都知道万大军，因为他创造过一个纪录——16个小时没离开过驾驶位。原来，2021年末，西安因疫情进行封闭式管理，为保障防疫物资和保供物资的运输任务顺利完成，万大军加入了"志愿运输车队"。2022年1月5日，有外省捐赠的物资送往西安，停在连霍高速武功服务区等待陕西司机去转运，万大军主动承担起任务。由于货太多装卸不方便，他就把对方的车开到西安，卸完货再把车送回去。按对方要求，他不能在驾驶舱的卧铺上休息，就一直坐在驾驶位上，完成了接车、运输、卸货等事宜。万大军这一坐就是16个小时，下车时腿都在哆嗦，久久不能站立……

成长之路：做重大工程运输"尖兵"

　　万大军说自己从小就喜欢那种风驰电掣、

追风逐电的感觉，于是，从拿到大货车驾照至今，他坚持做了28年的货车司机。现在，他还是喜欢那种感觉。

万大军的第一份工作是在陕西省建筑工程汽车运输公司做驾驶员，往全国各地运输筑路设备和建筑材料。他记忆中最深刻的经历，是在广西南丹高速公路修建过程中，执行那次从西安往南丹运输筑路设备的任务。由于设备超宽、超长、超高，经过每个省都须办理相关证明，加上当时全国高速公路少，以致运输全程耗时1个多月，但他却深感光荣和自豪。另一件记忆尤深的事是，他曾从西安将一批"坦铺机"准时运到等在我国边境的火车上。执行那次任务时，他和另一位货车司机四天四夜没下车，两个人轮流驾驶，才成功啃下那块"硬骨头"。

谈及自己的货车司机从业经验，万大军表现出无比的骄傲和光荣，说自己参与过修建西藏铁路、西临高速（陕西第一条省内高速公路）等全国各地交通建设项目的运输任务。讲起自己的货车司机生涯，他说："我的货车东至黄骅港、西至乌鲁木齐克拉玛依、南至海南儋州、北至黑龙江绥化。那些年，全国修建的多条重要的高速公路，我都作出过贡献。"

发展之路：树陕西货车司机"品牌"

通过参与全国多条重大高速公路筑路设备的运输任务，万大军认识了很多志同道合的朋友，他在货物运输行业的信誉和影响力也与日俱增。

2002年，万大军决定自己出来跑运输，他的车从最开始的2米小货车，换成了后来的13米5轴的大货车。由于他待人真诚热情，做事细致可靠，积累的货源也越来越多。"这司机靠得住，把我们的货当成自己家的，绝对没问题。"经常有货主这样评价他。货越来越多，身边又聚了一帮志同道合的"卡友"，万大军决定成立一个"高品质服务车队"，在全国树起陕西货车司机的品牌。

不久，万大军的车队成立了，车队成员从最初的十几人发展到上百人。他先后多次向"卡友"发出号召："安全文明驾驶，做遵纪守法的好司机""服务热情周到，做货主亲近的贴心司机""为人诚实守信，做他人信赖的靠谱司机"。后来，全国各地合作的车主只要一听货车司机是万大军车队的，都愿意把货物交给他们。尤其是运输钢材，货主对万大军车队司机的认可度极高。

近年来，多种因素导致货车司机普遍收入下降，但万大军车队由于信誉好、服务好，货源十分充足，车队成员收入稳定。为了保持车队良好的信誉，万大军严格要求自己，在各个方面为大家做好榜样，坚持安全文明驾驶，近几年，他驾驶的货车即使小的剐蹭也没发生过。

爱心之路：做重大项目运输"铁人"

2020年疫情期间，万大军所在的社区征集志愿者，他积极报了名。之后的40多天，他一直坚守在一线，值夜班查验通行证、协助维持秩序。万大军最得意的是，那段时间他发挥了自己的优势，为社区集中采购和运输物资，这让他觉得作为一名货车司机很厉害，也很光荣。

"马主席，你看我能做点什么。2020年疫情期间我转运过物资，有经验。"2021年12月底，西安因疫情实施封闭式管理，万大军第一时间主动联系西安市物流行业工会联合会主席，报名参加志愿运输。

12月24日晚，大雪纷飞，万大军拿着面包、方便面和火腿肠给待在市区周边的外地货车司机逐一发放。前后一个多月，由于担心回家后被封控，他一直住在货车驾驶舱。在各级工会组织下，万大军协助慰问了周边物流园区和市场的货车司机，布置完善"司机之家"供他们居住，援建方舱医院，号召和组织广大货车司机参与防疫和保供物资运输……

据统计，西安实施封闭式管理期间，万大军驾驶自己的车辆，为全市转运物资超过30车，近300吨，组织车队车辆转运近150车次，慰问和帮助了上千名货车司机，别人不敢去的疫情封控区都有他的身影。河南、陕西蓝田发生水灾，万大军带头捐款捐物，多次跟随工会和协会慰问伤残卡车司机，送上慰问金和米面油；累计为上万名个体货车司机提供货源，带领他们增加收入……

2020、2021年，万大军连续荣获"西安市最美卡车司机"称号，并在2023年表彰大会上作为代表发言，他号召广大货车司机安全文明驾驶，踊跃参与国家重大工程项目的运输任务，做一名受人尊敬的货车司机。

一束光，照亮万家灯火

—— 记全国最美货车司机雷军

　　雷军有两个身份，一个是从业19年、经验丰富的货车司机，另一个是合阳卡友工会主席。他的妻子经常发牢骚，抱怨他常年将辛苦赚到的钱中的一大部分都用到了卡友工会和帮助困难卡友上。可当卡友遇到困难时，妻子又和他一同参与爱心捐赠，慰问伤残卡车司机。

　　从业19年，雷军做了无数次帮助陌生人尤其是卡车司机的事。卡友工会成立后，他更是一心为了卡友，"司机主席雷好汉"的称号便逐渐留在了越来越多货车司机的心里。

"帮助别人成了骨子里的一种习惯"

　　雷军做了19年的货车司机，开车谨慎、细心成了他身上的一种重要品格。无论事情多么着急、不开快车、不疲劳驾驶，这是他出车多年来从未出现过重大交通事故的根本原因。雷军开玩笑地说："我开车从没出现过什么大事故，坐出租车反而出过事故，还是得我自己开。"

原来，2012年11月的一个大雪天，雷军在西安乘坐出租车时，所乘车辆发生了交通事故，在他意识清醒时，他看到有出租车驾驶员和路人停下来施以援手，生死关头他牢牢记住了这幅画面，这也成了他后来坚定地帮助别人的原因。

在路上遇到交通事故时帮助抬伤员，帮有需要的人换轮胎、搭电……这是雷军日常生活的一部分。有次在高速上，他看到前面一辆车着火了，司机却并未发现险情，雷军在保证安全的前提下，加速超到这辆车前面，巧妙地让司机停车，帮助其化险为夷。那位司机到现在还保存着雷军的电话号码，逢年过节都会发来问候的信息。类似的事雷军做过很多，帮助别人已经成了刻在他骨子里的一种习惯。

由于为人豪爽仗义，经常帮助他人，雷军在渭南市合阳县货车司机圈里很受大家尊敬和拥护。雷军发现货车司机经常遇到拖欠运费、交通意外伤亡率高、高速上车出现故障很难得到帮助等问题，于是于2015年建立了"合阳卡友互助群"，群里的卡友很快从几十人发展到近千人。他号召大家采用合法形式讨要运费，并以多种方式展开互助，合阳卡友的互助行为逐渐影响到全省甚至外省，因此雷军经常被邀请去分享经验。

"只要卡友们过得好我就好"

2021年，在上级各政府部门、工会的协助下，"合阳卡友工会"成立，热心肠的雷军当选为工会主席。平时除了跑车外，雷军还要学习工会的各种知识和文件资料，以提高自己的思想政治意识和素质。雷军想借助合阳卡友工会帮助更多的货车司机，尽到一个主席的责任。

很快，合阳卡友工会会员从60多人发展到近400人，经过反复研究，雷军和其他货车司机一同制定了相关的管理措施和制度，结合卡友互助群这个平台，以便帮助货车司机维权。在卡友互助群里，每天都有客车司机发送位置签到，这已经成为大家的一种习惯，方便为有需要的人捎配件和展开救援。每到重大节日，雷军会带着工会成员去慰问伤残卡车司机，送上米面油等生活物资和慰问金。群里每天都有人值班，对卡友的问题及时进行解答和处理……

卡友工会刚成立时，货车司机刘伍中反映自己4000多的运费要不回来，雷军了解清楚情况后，打电话给对方，经过斡旋，在24小时内为刘伍中讨回了运费。合阳货车司机孙增军因交通意外去世，家里贫困，雷军在互助群里号召并带头为其捐赠，最终，为孙增军捐款总计2万多元。葬礼当天，雷军带着工会的货车司机送去大家的捐款，群里的很多卡友还自发送去花圈，这种捐款在互助群里发生过3次。渭南大荔发生水灾时，雷军带领货车司机募捐了5000元，又驾驶着车辆连夜送去被褥、矿泉水等物资。合阳卡友工会成立的一年时间里，雷军将自己跑运输挣得的5万多元全部用到了工会和卡友身上。

"我从来都是把卡友们的事当成我自己的事，尤其是成为合阳卡友工会主席后，更感觉到一种沉甸甸的责任，我们卡友都不容易，所以我必须做好，只要大家过得好我就好。"雷军说。

关于未来，雷军说："我首先是一名货车司机，做好本职工作，安全文明驾驶，热情周到服务，真诚待人，运好每一车货，是我的职责。更重要的是，作为卡友工会的主席，我要不断学习相关知识和法律，更多地为卡友们办实事，尽我所能、尽工会所能地帮助更多的货车司机，以真心换人心，让合阳卡友工会成为全国典型。最后，还是要多传播一个货车司机的真善美，让外界改变对我们的认识。我个人能力有限，但能做的一定义不容辞。"

陕西省五一劳动奖

勇向潮头立，奋发当先行

——记陕西省五一劳动奖获得者陕西交通控股集团有限公司

　　2021年1月30日，陕西交通控股集团有限公司（以下简称陕西交控集团）挂牌成立。自成立以来，集团坚持贯彻落实新发展理念，以高质量发展为主题，以改革为动力，聚焦省委省政府提出的"以组建交控集团为示范"的目标，落实"以路为本、创新驱动、产融结合、综合开发"的发展战略，以"拼"的精神、"闯"的劲头、"实"的作风，不断优化交通产业结构布局，步入了高质量发展的良性轨道，服务支撑全省经济社会发展的能力显著提升。

业务融合，全面打造产业新优势

　　陕西交控集团坚持聚焦主业主责，推动业务融合，优化产业布局，加强业务板块战略协同、资源协同、业务协同，培育交控特色的交通产业集群。

立足稳固传统产业。 巩固公路建设和运营主业，聚焦交通产业，瞄准路衍经济，整合路域资源，盘活存量资产。以经营理念引流增收，举办首届陕西高速车主节。输出陕西交控公路运营管理和服务模式。

积极培育新兴业态。 大力开展服务区提质升级行动，创新打造了高桥、柞水、子午等地"交通+旅游"、房车营地、商业综合体等特色主题服务区。组建基金、资产管理公司探索类金融业务。搭建陕西交控集采平台，入驻供应商突破1.4万家，平均节支率为10%。布局交通装备制造业7条产业链，桥隧高性能产品制造基地、交通安全产品等3个项目投产。

大力拓展外部市场。 设立集团市场开发部，成立5个省内和7个省外市场开发中心，搭建市场开发网络体系。仅2022年在30个省份新签合同2728个，合同额达293亿元，在上海、北京、西藏、黑龙江市场实现零的突破，并中标了第一个海外项目5.71亿元，在国省干线、市政项目、轨道交通市场实现新突破，集团外部市场、省外市场占比分别提高到50%、28%。

积极推动开放合作。 扩容省内地市、央企省企、业界同行三个"朋友圈"，签署战略合作协议82份，落地项目14个，总投资397亿元，成立合资公司17个，拓展了商用混凝土销售、矿产资源开发、城市更新、片区开发等新业态。特别是与中交第二公路工程局成立合资公司，开启了与央企在交通基建领域战略携手的新篇章。

着力推动科技创新。 科技发展集团入选陕西省上市后备企业名单。打造秦创原陕西交控创新中心—交通科技创新园—交通产业示范园—西咸交通建设投资公司"四位一体"产学研创新驱动平台，推动成果转化。

重组显效，支撑全省高质量发展的能力不断增强

陕西交控集团通过改革重组，企业开放度、影响力、品牌力不断增强，改革重组经验在省国资系统交流，入选国务院国资委国企改革典型案例，多次受到省委、省政府和国务院国资委主要领导肯定。

综合实力显著提升。目前，总资产达到5673亿，养管公路里程6535公里，其中高速公路5736公里，占全省的90％。主体信用评级为ＡＡＡ级，银行授信额度达到6474亿元，比重组前增加2551亿元，资产负债率较重组前下降2.5个百分点，经营活动现金流持续回正。企业资产和营业收入在全国同类交通企业分别排名第8位、第12位，迈入全国第一方阵。

经营业绩显著提升。克服疫情影响，企业生产经营关键指标逆势快速增长，2022年实现营业收入551亿元、利润总额12亿元，完成投资155亿元，同比分别增长30％、61％、53％，职工收入连续两年增长8％，经营收入占比由疫情前的37.7％提高到63％，荣获省属企业2021年度目标责任综合考核A级和经营业绩优秀企业称号、2022年省国资系统"提质增效奖""深化改革奖"，入围中国服务业企业500强。

保障能力显著提升。完成固定资产投资255亿元，当好稳增长"排头兵"。宝鸡至坪坎高速公路提前一年建成通车，其中秦岭天台山特长隧道工程量和建设规模居世界公路隧道第一位；西安外环高速公路提前三个月建成通车，创造了"交控速度"。政策减免车辆通行费累计超50亿元，在十四运会、抗疫、防汛等重大考验中全力保道路畅通、保物资运输，彰显了国企担当。目前，公路续建项目和计划新开工项目共计21个，里程980公里，总投资约1400亿元。

企业活力显著提升。广大干部职工活力迸发、干劲满满，以新观念、新作风跑出了交控人的"加速度"。2021年，在省委组织部、省委宣传部"讲好党史故事　助力追赶超越"演讲竞赛、省国资委"永远跟党走"合唱比赛中均获一等奖。两年来，建成全国交通运输企业文化建设优秀单位16个，获省五一劳动奖状2个，被授予全国工会职工书屋示范点1个，职工获全国五一劳动奖章和省级劳模荣誉4名。在省属国企第三届职工运动会上，取得团体一等奖和拔河、游泳两项比赛第一名的好成绩，彰显了新交控人的精气神。2022荣获中共陕西省委宣传部"全省思想政治工作先进单位"奖。

　　站在新起点，奋进新征程。陕西交控集团将深入学习贯彻党的二十大和全国"两会"精神，聚焦"高质量发展提质增效年"主题，坚持改革创新驱动发展，在稳增长、拓市场、提效益、防风险、强党建等重点工作中，广泛深入开展劳动竞赛，形成务实拼搏、奋勇争先的良好氛围，确保到"十四五"末实现"7783"战略目标，总资产突破7000亿元，运营公路突破7000公里，营业收入突破800亿元，利润总额突破30亿元，挺进中国企业500强，实现科技板块整体上市，建成全国一流企业，为全力推动奋进中国式现代化新征程、谱写陕西高质量发展新篇章贡献交控力量！

春日里最美的告白

——记陕西省五一劳动奖章获得者西安市出租汽车集团有限公司亚辉分公司驾驶员王磊波

际劳动节

　　王磊波，男，1988年7月出生，中共党员，西安市出租汽车集团有限公司亚辉分公司"青年文明号"陕AT1315驾驶员。从事出租车客运服务行业10年来，始终保持无投诉、无事故、无违规记录。为人诚实守信、兢兢业业，有良好的职业操守和敬业精神，多次被评为"优秀驾驶员""五星级驾驶员"，获"西汽好人"荣誉称号。王磊波在营运服务中不仅提供优质的车厢服务，还有着娴熟的驾驶技能，因出色的服务能力和驾驶技术，在2022年9月陕西省首届"三秦工匠杯"职工职业技能大赛出租汽车（巡游网约）驾驶员技能决赛中一举夺魁，充分体现了作为一名"青年文明号"驾驶员的创先争优的拼搏精神。2023年荣获"陕西省五一劳动奖章"、第十二届西安市"五四青年之星"称号。

苦练技能，争做营运服务上的"排头兵"

王磊波虽然年龄不大，但从业时间长，已然是行业里的一位"老师傅"了。每日出车前，他都要对自己的爱车进行仔细检查，确保车辆健康不"带病"；营运期间无投诉、无事故、无违规是他对自己最基本的要求；遵守交通规则、礼让行人，保障安全是他对乘客的承诺。2021年"青年文明号"5名驾驶员参加西安城投集团第六届职工服务技能大赛，王磊波就是其中的一员。经过笔试和实操，王磊波获得"优秀奖"，他始终对自己的成绩不满意，并定下下次再有技能竞赛，一定要取得名次的目标。2022年陕西省首届"三秦工匠"杯职工职业技能大赛在西安举办，得知消息的王磊波第一时间报名参加。三伏天，最高气温40多度，他除了正常营运，其他时间都在训练场刻苦训练。9月中旬，经过两天紧张的理论知识答题、场地实操（过单边桥、侧位停车、倒库、原地掉头、定点停车、绕S弯道）、规范服务情景模拟三类八项技能比赛，他在7个地市21支参赛队的63名优秀选手中脱颖而出，荣获大赛第一名的好成绩，被陕西省总工会、省人社厅授予"陕西省技术能手"称号，拿到奖杯的那一刻，王磊波喜极而泣。

志愿服务，甘当为民奉献的"勤务员"

王磊波不仅在技术上精益求精，还是一名青年志愿者，从事出租车行业以来热衷公益。为了做好车厢服务，王磊波利用业余时间自学急救知识并取得一级急救员资格证。之后，他主动参加"爱心车厢"团队，在营运中途遇到80岁以上的老人都为其提供免费用车服务。连续5年，他提供免费服务百余次。在"青年文明号"车队与灞桥区十里铺社区共建活动中，他购买物资慰问辖区的空巢老人、留守儿童，并积极与老人结对子，带老人看病就医，为老人购买药品。他被西汽集团多次评为"西汽好人"、年度"优秀驾驶员"、行业"五星级金牌驾驶员"等。此外，在西安重大活动和赛事保障中都能看到他忙碌的身影。

作为一名中国共产党党员，王磊波常说："年轻党员就应该在思想上、行动上有党员该有的样子，关键时刻冲得上去、危难关头豁得出来。作为青年文明号的队员，我有责任、有义务通过点点滴滴的行动来服务乘客、服务市民，为'青年文明号'增光添彩，为陕西省交通运输强省建设作出自己应有的贡献。"

巧手赤心绘蓝图

——记陕西省五一劳动奖章获得者中交第一公路勘察设计研究院有限公司工程师李得俊

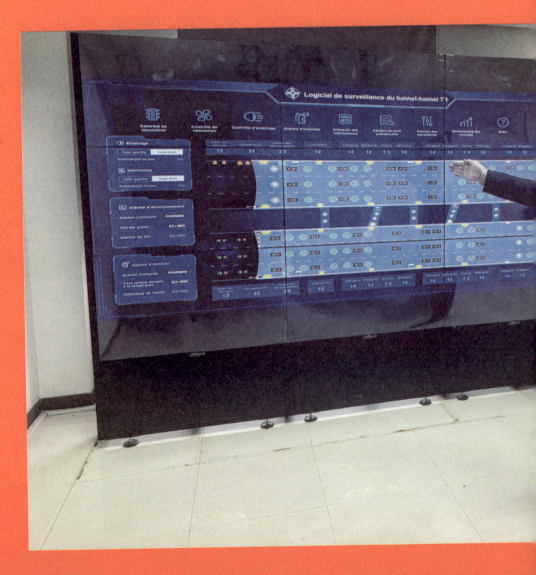

　　李得俊，中共党员，正高级工程师，交通运输部水运工程和交通支持系统工程评标专家库专家、陕西省综合评标评审专家库专家、长安大学专业学位研究生指导教师，长期从事公路交通工程领域新一代智能交通信息服务技术设计、研发、成果应用及行业标准编制工作，在提升公路基础设施信息化灾害防治及公众出行服务方面取得了显著成果，先后荣获省部级一等奖2项、二等奖5项、三等奖2项，拥有专利10项。

　　李得俊同志政治立场坚定，坚决拥护共产党的领导，认真学习贯彻习近平新时代中国特色社会主义思想和党的二十大精神，深刻领会"两个确立"的决定性意义，增强"四个意识"，坚定"四个自信"，做到"两个维护"。积极参加党组织活动，不忘初心、牢记使命，具有坚定的共产主义信念，充分发挥了党员的先锋模范作用。在担任海外交通工程设计项目的总负责人期间，他忠于职守、勇于担当、善于创新，具有优秀的服务意识和业务素养，先后主持完成了阿尔及利亚贝贾亚100千米公路连接线隧道机电施工图设计、阿尔及利亚南北高速公路隧道机电施工图设计等20余个项目。

当时，面对国内外标准规范体系、设计习惯上的差异，李得俊深入学习了《隧道通风指导文件》《隧道照明指导文件》等30余项欧洲标准规范、技术指南，查阅了大量文献，凭着多年来的经验和体会，借鉴总结，大胆假设，谨慎求证，进一步提高创新，才最终圆满完成了设计任务。

在科技创新方面，李得俊先后承担国家、省部级科研项目10余项。他始终坚信，科技创新是实现祖国交通强国建设发展战略的原动力。在负责国家科技支撑计划项目（编号2014BAG01B02）专题一——公路基础设施安全状态监管技术及系统研发的过程中，他明确提出实现公路基础设施可测、可视、可控、可服务的总体目标，设计研发的"公路基础设施安全畅通管理信息系统V1.0"通过了国家应用软件产品质量监督检验中心检测，符合CMA、CNAS、CAL、ILAC-MRA认证标准，荣获中国公路学会最佳产品奖。在负责国家重点研发计划道路安全（行驶车辆）风险综合防控与主动干预技术及装备（课题编号2017YFC0803907）项目专题四——高速公路出入口控制系统研制的过程中，他基于高风险路段和匝道管理相协调的双层调控，提出了实时的高速路入口自适应控制方法及出口智能诱导策略，通过示范应用，有效降低了高速公路主线行车风险。在从事科技研发及成果推广的过程中，他还先后参与起草国家、行业标准5项。

作为公路交通工程领域新一代信息技术研发与信息服务战线的一员，李得俊甘于奉献，善于创新，紧盯交通强国战略发展需求，心系公路交通的情怀和默默奉献的精神，深深地感染着他身边的同事。他时刻以提升公路交通安全智能管控及公众出行服务水平为己任，在公路交通服务岗位上实现着自己的人生价值。

不忘初心　方得始终

——记陕西省五一劳动奖章获得者长安航空有限责任公司飞行员赵杉

赵杉同志从事飞行工作35年，在空军服役14年，安全飞行超过2万小时，运送旅客数十万人次，带飞带训飞行员、培养机长超过百名。作为公司飞行体系"党员业务核心团队"成员，他多次执行急难险重任务及重要运输保障任务，并指导飞行员作风养成和技术提升。赵杉在作风上严谨自律，舍小家为大家；在技术上精益求精，传道授业解惑，把忠诚和使命镌刻在祖国的蓝天上。2018年至今，赵杉荣先后获陕西省五一劳动奖章、海南省委两新组织工委"优秀共产党员"称号、中国民航局安全银质飞行奖章、民用航空三级飞行员专业技术职称、长安航空先进个人称号、长安航空劳动模范称号等荣誉。

赵杉"干一行爱一行、专一行精一行"的敬业精神影响带动着他身边的每一个人。在他的言传身教下，一批批优秀青年飞行员快速成长。从军人到民航人，赵杉对自己热爱的事业没有变，军人的优良作风没有变，共产党员的本色没有变，始终把"飞好每一个航班、带好每一名学员、带出技术作风过硬的飞行团队"作为自己的职责和使命。

作为长安航空飞行员的优秀代表，赵杉始终把国家和人民的利益放在首位，把对党的无限忠诚融入飞行事业，处处发挥先锋模范作用，牢固树立"敬畏生命、敬畏规章、敬畏职责"三个敬畏精神，体现了"以人民为中心"的宗旨与民航"安全第一"要求的高度统一，为加强长安航空飞行员队伍建设，将"三基建设"落实并贯穿于日常教学中，为确保航空安全运输作出重要贡献，始终以一颗初心和一腔热忱，诠释共产党人的崇高精神和优秀品质。

铁路人的诗和远方

——记陕西省工人先锋号陕西宝麟铁路有限责任公司车务段

陕西宝麟铁路有限责任公司车务段成立于2015年，主要负责宝麟铁路运输组织、指挥、装载加固、列车编组等方面的工作。现有员工71人，分布在87.1千米铁路线上的凤翔西、糜杆桥、杨家河、招贤、郭家河5个车站及凤翔II场货运作业点，绝大部分车站远离市区，地处山区深处。车务段全体职工齐心协力，本着"安全第一，预防为主，综合治理"的方针，克服种种困难，以饱满的姿态和热情投身于工作中，安全、圆满地完成了各项运输生产任务，将麟北地区丰富的煤炭资源如血液般源源不断地输送到全国各地。

树立责任意识，信守勤勉自律

安全是铁路运输永恒的主题。该段以严谨、务实、高效的工作作风为基础，不断加强职工安全教育和思想政治工作教育，切实把安全工作落到实处，促使车务段各项工作有条不紊地进行，为公司发展打好基础。

加强制度建设，落实管理基础

该段通过结合现场人身安全、设备管理、环境等实际因素，先后制定了《车务段管理细则》《车站行车工作细则》《车务段岗位职责》《车务段安全风险管理实施办法》《列车技检及加固、列尾作业相关规定》《车务风险管理手册》《车务段生产安全事故隐患排查治理制度细化措施》等规章制度，标本兼治消除安全隐患，确保了运输生产安全稳定。

强化现场管控，落实安全管理责任

该段坚持关键时期、关键岗位、关键环节检查不放松，重点对非正常情况下接发列车，施工作业、调车作业和装车安全等方面进行安全监控。定期召开安全生产分析会，狠抓"三违"和"两纪一化"，从严考核，使问题及时得到整改，现场作业自控、互控意识明显增强，实现现场作业全面受控。在货物装载加固方面，为加快作业效率，结合现场实际协调矿方增设作业平台，取消了二次整装作业，实现"一次性快速装车"，降低了货车延期占用费和机车燃油消耗。

强化环保治理、夯实消防安全基础

该段在不断加强规范加固材料及废弃物管理工作的同时，加强消防安全管理，通过细化《消防管理台账》，以站区为单位成立义务消防队，每月组织职工开展消防知识培训，对重点场所配置的消防设施、器材进行逐项检查，有效地消除了消防安全隐患。

开展专项整治，做好隐患排查治理

该段始终坚持讲实效，不走形式，常态化组织开展"春检""防洪度汛""安全生产月""防暑降温""秋检""防寒过冬"等各项阶段性活动及隐患排查和风险分级管控专项活动，全面排查安全隐患，对问题实行专人跟踪管理、闭环销号，总结存在的问题和不足，进一步提高了全员的安全意识，筑牢了安全基础。

强化职教培训，提升应急处理能力

该段以集中学习与自主学习相结合的形式开展员工日常培训工作，车站利用早班会做好班前提问及安全预想，定期组织规章抽查，通过"传、帮、带"，建立了一支道德素质高、技术能力强、管理水平优的员工队伍。同时，结合现场实际，针对车站安全生产的关键和薄弱环节，着重加强职工应急处置技能培训，组织开展了非正常情况接发列车处置、长大坡道区间被迫停车应急处置、消防应急及道岔除冰雪应急等专项演练，不断查找完善应急预案中存在的问题，提高应急预案的实用性和可操作性。

自该段成立以来，始终坚持以"创新引领、科学发展、担当有为、追求卓越"的企业精神，脚踏实地，锐意进取，先后荣获了陕西省劳动竞赛"优胜班组"、陕西省交通运输系统"青年文明号"、陕西省工人先锋号等荣誉称号。

火眼金睛护空港

——记陕西省工人先锋号中国东方航空股份有限公司西北分公司空保管理部货邮安检分部

中国东方航空股份有限公司西北分公司空保管理部货邮安检分部（以下简称货邮安检分部）成立于2009年，担负着东航西北分公司西安出港国际、国内货物、邮件的安检保障任务，共值守货物和邮件安全检查X光机安检仪通道9条、库区员工安全检查保障通道2条，并肩负库区进港库门卫安保的管控任务。

自成立以来，货邮安检分部始终秉承"安全重于一切"的理念，严格落实安全第一的原则，严格检查，把好安全关，严守空防安全底线不放松，不忘初心、牢记使命，贯彻"三个敬畏"思想。

强化作风　落实职责

货邮安检分部一直狠抓队伍作风纪律建设，确保队伍遵规、守纪。随着公司机队的发展，货邮安检分部也迅速发展并壮大，从最初十来个人的安检队伍、两台安检仪发展到如今有48人、值守货邮安检仪9台、人身检查通道2条及出港库区门卫安保管控。特别是按照民航局新颁布的《民用航空安全检查手册》《民用航空安全检查规则》和《民用航空安检设备管理规定》的具体要求对安检队伍的管理更加明细、严谨。同时，伴随着民航安全越来越严峻的新形势，结合现状并针对不断变化的新情况灵活采取应对措施。

货邮安检分部注重队伍作风建设，在安检员个人素养和技能水平的不断提高上狠下功夫，力争并落实用程序规范员工的安检工作；用制度、规章、纪律去要求员工；充分发挥分部党支部、党员和技术骨干的积极模范带头作用，以加强班组建设为工作中心，管理考评始终依据公正、公平、公开的原则，尽力做到一碗水端平，充分发挥安检员的主观能动性。

以演促练　以练驻防

深入学习贯彻习近平总书记关于民航安全工作的重要指示批示，坚决把确保"两个绝对安全"的重要要求落到实处。货邮安检分部按照全面建设"平安航空"的目标定位，以"人人讲安全、个个会应急"为主题，通过开展"宣传学习、排查整治、教育培训、应急管理"为主要内容的"四个系列"活动，进一步树立安全发展理念，压实安全生产责任，防范化解重大风险，筑牢货物运输安全基础，为平安民航建设营造良好、安全的环境。以现场安检实际情况为切入点，组织开展控制区防处突应急演练、爆炸物反恐演练等多项活动，夯实安全基础，筑牢安全防线。

练就过硬本领

在安检站，每一位员工都清楚自己的职责，那就是以最高的标准和最严谨的态度，守护每一架航班的安全。他们深知，无论任何原因，都不能因安检的疏忽而导致危险品、违禁品装机运输事件的发生。这不仅是他们肩上的重任，更是对所有乘客和货邮运输空防安全的承诺。在安检的日常工作中，每一位员工都以严谨、细致的态度去对待每一个环节。他们清楚，每一个微小的细节都可能成为安全的隐患。因此，他们时时刻刻保持着高度的警惕、百分之百的专注。

他们的手中，紧握着的是责任和使命。他们用自己的专业知识和技能，以及那份对安全事业的执着和热爱，将危险品、违禁品拦截在装机运输之前。他们就像一道坚固的屏障，用实际行动诠释着"安全第一"的信念。

每一次成功的安检，都是他们默默付出的结果。正是他们的这份执着和专注，使公司货邮运输空防安全第一责任人的职责得以圆满完成。他们用行动证明：只有一丝不苟，才能确保千万人的安全。只有对安全坚守到底的决心，才能换来千万个家庭的安心和放心。

甘当公路质量"啄木鸟"

——记陕西省工人先锋号陕西省交通运输工程质量检测鉴定站工程监督科

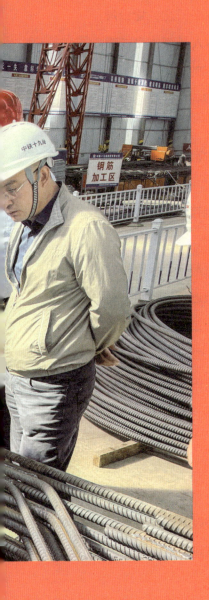

　　陕西省交通运输工程质量监测鉴定站工程监督科（以下简称工程监督科）现有职工5人，其中中共党员4人，研究生以上学历3人（博士1人，硕士2人），高级职称4人、中级职称1人。工程监督科的主要职责是宣传贯彻国家和陕西省有关交通建设工程质量方面的政策法规、技术标准，并承担陕西省高速公路建设项目工程质量监督相关技术性工作。

　　工程监督科始终坚持推动高质量发展理念，紧紧围绕质量监督工作中心，牢固树立服务意识，不断创新工作机制，提升监督效能和技术水平，坚持问题导向，认真履行质量安全监督职责，扎实做好高速公路工程质量安全监督工作，不断促进工程质量稳步提升。

　　近五年来，工程监督科共监督高速公路建设项目28个，总建设里程1800余千米，累计开展各类质量安全监督检查300余次，取得工程实体质量抽查数据153000多个（组），连续4次被授予"优秀科室"称号。

锻造精品工程，勇做质量卫士

自2003年陕西高速公路通车里程达到首个1000千米以来，至今近20年时间内已突破6000千米。随着交通建设投资多元化，建设规模持续扩大，建设环境日趋复杂，工程监督科全体人员深感责任重大，始终不忘初心，以锻造精品工程为己任，以饱满的精力迎接质量监督工作中的各项困难和挑战，勇做质量卫士，为我省高速公路建设高质量发展保驾护航。

一、引领建设项目营造重视质量氛围，形成高质量发展的共同价值观

工程监督科始终以创建"平安百年品质工程"为目标，通过"智慧工地"建设，致力推进项目建设技术和管理现代化，全面推广新技术、新装备、新工艺、新工法，促进施工班组作业规范化、专业化、精细化。积极宣传质量管理方面的法律、法规，以及近年来陕西省高速公路质量通病防治措施等方面的内容，累计开展质量管理业务培训35次，使项目管理人员熟悉陕西省高速公路建设管理程序、质量要求，吸收先进管理经验及优秀工艺方法，为建设项目树立高质量发展理念、打造"品质工程"奠定良好的基础。

二、塑造行业形象，确保质量监督工作实效

为规范监督检查行为，塑造行业形象，有效开展工程质量监督工作，工程监督科修订完善了《陕西省公路工程质量监督检查办法》，规范监督流程，明确检查内容，确定检查频率，坚持以制度保证工作质量，以法律法规、行业规范作为检查标准，确保质量监督检查工作实效。

　　成绩属于过去，工程质量监督工作仍任重道远。工程监督科将在以后的工作中，不断加强和提高自身素质，主动作为、勇毅前行，奋力推动交通建设工程品质不断提升，为陕西省交通事业高质量发展提供坚强保障。

陕西省「安康杯」竞赛

勇当中国式现代化开路先锋

——记 2022 年陕西省"安康杯"竞赛优胜单位陕西交控服务管理集团有限
公司

在2022年度陕西省"安康杯"竞赛活动中，陕西交控服务管理集团有限公司（以下简称服务管理集团）荣获优胜单位称号。其成绩的取得，与服务管理集团高度重视安全生产工作，牢固树立安全生产红线意识和底线思维，把职工生命安全和身体健康放在首位是分不开的。

一、深入学习，全面动员

开展系列学习宣传活动。服务管理集团持续深入组织机关及各单位全体职工学习习近平总书记关于安全生产工作系列重要论述，专题学习《生命重于泰山——学习习近平总书记关于安全生产重要论述》电视专题片和《下好先手棋打好主动仗——习近平总书记关于防范化解重大风险重要论述综述》，并结合各自业务特点开展研讨交流，强化各级领导干部"人民至上、生命至上"理念，引导全员用心感悟习近平总书记关于安全生产重要论述的根本立场、核心观点和基本方法，切实把安全责任扛在肩上、抓在手上、落实在行动上。

认真组织开展全员"新安法知多少"答题活动。为了全方位学习安全知识，进一步提高全员的安全意识和法律意识，服务管理集团积极组织开展"新安法知多少"网络知识竞赛活动。通过答题竞赛，全员对《安全生产法》新修改的内容有了更加详细、直观的了解，切实提升了防范化解重大安全风险能力水平。

积极开展安全生产宣传活动。扎实开展"以减轻灾害风险，守护美好家园"为主题的2022年"5.12"防灾减灾日和6.16安全生产宣传咨询日集中宣传活动，综合利用线上形式开展安全生产月活动。加强教育培训，通过专家讲授、观看警示片、考试等形式，组织300余人开展2022年度安全生产教育培训，运用微信、应急广播、电子显示屏、宣传栏等形式加强安全知识宣传，全员安全生产意识普遍增强。

积极开展消防安全演练。按照服务管理集团安排，各事业部结合工作实际，在相关服务区紧扣"排查整治安全隐患、共促安全健康发展"的主题，开展消防安全演练活动。组织开展唐延路6号院消防安全培训及应急演练。演练过程按照预定方案有序进行，达到了预期效果。

二、扎实排查，认真治理

严格按照服务管理集团2022年度安全工作目标责任书及"安康杯"竞赛活动、安全生产月和安全生产专项整治三年行动及"防风险、除隐患、保安全、迎盛会"专项整治行动安排部署，深入开展酒店、服务区经营、服务重点区域及油站、广告传媒安全生产风险防控和隐患排查治理，切实落实安全生产主体责任和监管责任。通过安全生产隐患排查治理活动的扎实开展，使安全生产"责任重于泰山"的观念不断深入人心，牢固树立了安全生产"红线"意识、"底线"思维，促进了服务管理集团安全生产形势稳定向好。

专项整治工作持续推进。加大专项整治力度，将各类隐患消除在萌芽状态，安全监管能力进一步提升。服务管理集团推动安全生产专项整治三年行动走深走实、见底见效，服务管理集团扎实开展"防风险、除隐患、保安全、迎盛会"、应急值班规范年、安全生产"百日整治"、安全生产"百日攻坚"行动等工作。道路交通安全专项整治工作期间，各服务区在经营、服务区域设置安全生产宣传专栏193个、安全生产系列挂图144个、悬挂横幅381条；68处服务区通过电子屏、电视滚动播放安全警示片，66处服务区通过LED屏滚动播放安全警示、提示语。

风险管控能力逐步提升。瞄准安全工作重点部位和薄弱环节，提升风险管控能力。一是隐患排查整改到位。严把食品商品安全关，定期对服务区经营及职工食堂、超市进行抽检，确保食品商品安全。紧盯重要时段和敏感时期，紧盯重点区域、重点目标，增加巡查频次，落实好安保安防措施。交通传媒对路域内914处广告媒体每月开展巡查，排查整治17处跨线桥广告媒体安全隐患；物产公司每周对电路、消防设施设备、电梯房等重点部位进行检查，排查整治各类安全隐患45起；高速延长石油完成30座油站防雷防静电检测以及445具灭火器更换冲压工作，排查、整改安全隐患111项；各事业部及服务区全年排查、治理问题和隐患1312处。二是重点时段安全防范不断夯实。围绕重点时段、重大节日安全生产稳定目标，增加排查频次，落实好安保安防措施。国庆假期和二十大期间，成立服务管理集团保安全护稳定包保组，领导班子成员按照分工包抓联系单位和分管领域的安全稳定工作。三是消防安全责任不断筑牢。认真汲取事故教训，定期对经营、服务场所的水、电、气管线及设施设备进行巡检；持续加强服务区危化品车辆停放管理，成功处置汉城、丹凤服务区危化品运输车辆泄漏事件。

在接下来的工作中，服务管理集团将继续以"排查整治安全隐患、共促安全健康发展"为主题扎实开展相关工作，不断推进安全生产制度化、常态化，确保安全生产形势持续稳定。

万里坦途作华章

——记 2022 年陕西省"安康杯"竞赛优胜单位陕西路桥集团有限公司

陕西路桥集团有限公司（以下简称集团公司）荣获2022年度陕西省"安康杯"竞赛优胜单位荣誉称号。集团公司一贯坚持"人民至上、生命至上"，树牢安全发展理念，坚守底线思维，强化红线意识，安全管理工作因此得到上级单位的充分肯定。

一、广泛动员宣传，注重活动实效

为推动"安康杯"活动的宣传工作，集团公司积极搜集、整理活动资料，并及时下发给各单位进行宣传、学习。同时，按照活动主题，制作宣传展板4块、横幅4条、安全生产月海报8张，均悬挂于集团总部机关办公楼的醒目位置。各分（子）公司同步开展活动，营造了良好的氛围。据统计，各单位共计发放传单2300余份。各单位还以不同形式开展了安康杯活动竞赛黑板报竞赛，竞赛主题鲜明、黑板报版面新颖、形式多样、内容丰富，广泛宣传了党和国家安全生产法律法规、方针政策和企业管理制度，以及安全生产技术知识，推动全员牢固树立"加强安全法治、保障安全生产"的理念，为"安全生产月"活动的顺利开展做好了铺垫。组织全体员工积极参与全国安全生产月活动组委举办的关于开展"新安法知多少"网络知识竞赛答题活动，加强安全生产宣传教育，普及安全生产法律法规知识，进一步提升全员安全生产意识。

二、积极开展培训，提高员工素质

集团公司牵头，各分（子）公司组织对全体员工分层次进行安全知识教育培训，一是通过组织项目管理人员学习有关安全生产法律法规、方针政策，使管理人员牢固树立科学发展、安全发展的理念，提高履行安全管理职责的自觉性，依法、按章、规范地抓好安全生产管理。二是组织对员工进行公司安全管理规章制度、岗位安全操作技能，安全生产事故案例分析和现场应急处置预案等内容的安全培训和警示教育，使员工能够熟练掌握岗位安全技能和自救、互救措施。三是各单位安全管理部门联合物资设备部门对特种设备、特殊工种、特种作业人员进行清理建档和教育培训管理工作，做到特种人员100%持证上岗。

三、组织应急演练，加强风险防范

为加强对防汛应急处置和员工自救、互救能力，2023年6月，集团公司组织在国道G211安康关庙至黄洋河改建工程项目工地开展了防汛应急演练。通过防汛应急演练，进一步完善应急救援预案，修订不同区域、不同性质下发生事故的应急救援专项方案。不定期组织开展各类事故救援演练，提高员工在发生事故时自救、互救的能力。明确各自的职责，确保发生事故时能及时到达准确位置开展救援工作，将事故危害降到最低，为进一步健全并完善集团公司事故预警和应急处置机制打下了良好的基础。省道S514陇县项目组织开展了高空坠落应急救援预案演练。通过开展应急演练，查找应急预案中存在的问题，进而完善应急预案，提高应急预案的可用性和可操作性。检查应对突发事件所需应急队伍、物资、装备、技术等方面的准备状况，极大提高了项目全员的安全意识，使参建人员熟悉并掌握应急救援的运行程序和方法，提升了项目部应对高空作业突发事故的快速反应能力和应急处理协调救援能力。

四、开展隐患排查，落实安全责任

活动期间，集团公司所属各单位以"防风险、除隐患、保安全、迎盛会""安全生产专项整治三年行动""安全生产百日专项整治行动""防范化解重大安全风险"为契机，全面排查整治风险隐患，主要从安全生产责任制落实、现场管理、危化品以及重大危险源管理、消防安全管理等方面进行了安全隐患排查活动，共排查出82处隐患，整改82处，整改率100%。各单位对存在的问题进行认真分析，严格按照"安全生产隐患排查整改五到位"的原则积极整改。

总之，通过"安康杯"活动的开展，集团公司增强了企业员工的安全意识和事故防范与处置能力，强化了基层班组安全文化建设，进一步夯实了安全基础管理工作，为企业安全生产持续、平稳地运行提供了坚实的保障。

我是秦岭"消防尖兵"

——记 2022 年陕西省"安康杯"竞赛优秀个人陕西交通控股集团有限公司
西汉分公司秦岭管理所张嘉诚

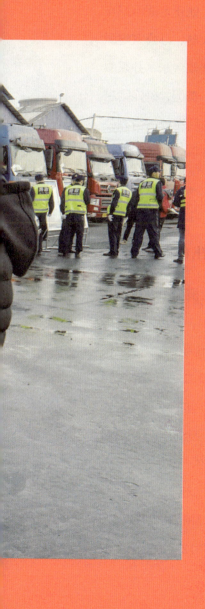

　　张嘉诚，男，1983年11月出生，中共党员，本科，现任陕西交通控股集团有限公司西汉分公司秦岭管理所支部宣传委员、副所长。多年来，张嘉诚同志切实抓好安全生产工作，在预防各类安全生产事故的发生，稳定全所安全生产形势，促进运营管理健康、稳步发展方面做出了积极贡献。

一、勤学习，履行自身职责的本领强实

　　张嘉诚以"关爱生命、关注安全"为己任，以强烈的事业心和工作责任感，将学习安全生产法律法规转化成自觉行为，不断丰富积累新时期安全生产法律法规及知识，做到学有所获、学有所思、学有所用，理论联系实际。深入探讨推进安全文化建设，利用各种形式在秦岭管理所广泛开展安全宣传教育，不断增强和提高职工的安全生产意识。他把"安全第

一，预防为主"的安全生产方针宣传到位、落实到位，把上级制定的安全目标措施执行到位。在安全意识培训方面，坚持不懈地进行安全文化理念引导和塑造，使"保安全"成为广大员工的共同追求与岗位的自觉实践，营造良好的安全文化氛围，形成了人人替安全着想，人人对安全负责、人人为安全努力的局面。他每月带领工作人员开展安全生产检查活动，及时查处存在的问题，整改隐患。他还定期组织安全检查小组前往各部门、各收费站对消防设施、灭火器、办公室电源等进行检查。对检查中发现的问题，建立安全隐患整改台账，并采取"回头看"措施，对存在的隐患整改情况进行督查、督促，确保隐患整改和监控措施落实到位。2021年、2022年，他先后完成宿舍办公楼楼体维修及员工办公桌椅更换，不仅改善了办公环境，还确保了全所员工的人身安全，切实提高了员工的工作积极性。

二、重实干，履行工作岗位的成绩出色

张嘉诚立足"安全第一、预防为主"的方针，根据山区高速实际，带领安全路产中队修订与辖区交警部门联动机制，灵活采取同车巡查、错时巡查、交叉巡查等方式，加强巡查频次和力度，有效掌握路面真实情况，顺利完成重大节假日、京昆改扩建及二十大道路保通工作。他首创"秦岭特长隧道群应急处突推演图"，实时掌握事故进展和道路通行情况，形成更加高效的综合处置能力，全面提高道路保通水平。他始终把安全工作放在首位，狠抓风险管控，建立《安全风险防控动态清零责任清单》，落实痕迹化管理，形成闭环。他率先打造安全教育基地，通过现场摆放施工标志牌、交通锥模型，让受训人员直观地了解施工现场布设。召开安全生产专题例会12次、安全生产

专题培训90次，开展应急演练3次，联合隐患排查20次，即查即改。

张嘉诚常说，抓安全工作任重而道远，我们必须做好充足的心理准备，坚韧不拔地去应对今后的安全工作。作为一名共产党员，他要从现在做起并做到牢记安全职责，在平常的工作和生产中发挥示范岗、党员的先锋模范作用，影响和带动身边的人，做出表率，使管理所安全生产目标得以实现。

陕西省职业技能大赛

全能"的姐"风采录

——记陕西省技术能手西安市出租汽车集团有限公司雷锋车队驾驶员吕春燕

吕春燕，女，中共党员，1985年7月出生，本科学历，现为西安市出租汽车集团有限公司雷锋车队驾驶员。37岁的吕春燕有17年的党龄，是名副其实的老党员。在从事出租车行业前，她曾经营过校园"小餐桌"，家里的出租车由丈夫营运。2020年以后，吕春燕开始学车，随后便开启了和丈夫一起经营"夫妻档"出租车的生活。在出租车营运期间，吕春燕一直保持着踏实严谨、一丝不苟的工作和服务态度，仔细钻研行车路线，精益求精做优服务，为乘客提供专业、优质的服务。

重拾英语，为营运服务加分

十余年前，大学毕业的吕春燕走出校门，做过外企职员，经营过学生托管班，后来就和丈夫一起营运出租车，把满腔的奋斗热情播洒在这个平凡的岗位上。2020年3月一天，吕春燕拉载了两位乘客，其中一位是外籍乘客。上车后，外籍乘客一直用英语和同伴交流。吕春燕听出其同伴是外地人，并不了解西安路况，便用英文和两位乘客交流路况，为他们解决了实际问题。自此，她萌发了遇到外籍乘客就用英语服务的念头，这样可以让外籍乘客加深对国际化古城西安的认识。这一决定，也得到了同为出租车驾驶员的丈夫的支持。

从此，吕春燕在每次收车回家后，又给自己安排了新的任务——把丢弃多年的英语"捡"起来，为双语服务"扩容加料"。屋内明亮的灯光下，她和儿子一大一小两位"学子"各自徜徉在知识的海洋里，这幅画面十分温馨也分外励志。自2020年来，吕春燕服务过数以百计的外籍乘客，尤其在2020年全运会期间，多位外籍游客通过乘坐吕春燕的车，深刻感受到了"开放包容的西安"的精神面貌。吕春燕也成为西安出租汽车行业一颗冉冉升起的服务新星。

苦练技能，造就全能"的姐"

2022年9月，陕西省首届"三秦工匠杯职工职业技能大赛"拉开帷幕。吕春燕作为西安城投出租集团层层选拔的三位驾驶员选手之一参加比赛。面对这场省级比赛，级别之高、竞争选手之多，让从业时间不久的吕春燕倍感压力。

倒车、停车、弯道行驶，这些初学者需要了解的驾驶名词，屡屡出现在吕春燕的笔记本里。抽空练习、随时思考，吕春燕给自己制订了严格的练车计划。上下班高峰期后，吕春燕就前往训练场地反复练习，甚至多次暂停自家出租车营运，让丈夫给她"一对一"的指导。吕春燕在副驾驶位上仔细观摩、认真识记，把基本功练习扎实，把服务技能打磨精细。苦练技术、深学理论，经过一段时间严格的训练学习，吕春燕成长飞速，成为西汽驾驶员中的"技术把式"。

2023年5月，吕春燕的家庭被授予"三秦最美家庭"称号，这不仅是对这个"小家"的至高褒奖，也是对吕春燕丈夫、儿子的充分肯定——他们的支持与付出成就了吕春燕这位"车开得好、道认得熟、理论扎实、能文能武"的全能的姐。在随后的陕西省首届"三秦工匠杯职工职业技能大赛"中，她凭借扎实的基本功，取得综合成绩排名第三的好成绩，成为本届赛事中唯一一位取得名次的的姐，同时被陕西省总工会等多部门联合授予"陕西省技术能手"称号。

的姐吕春燕奋进在平凡的岗位上，以柔肩挑起岗位责任，以匠心铸就不凡，用勤劳与智慧助力市民乘客便捷出行，用善良、乐观、勤学、感恩，展现着西汽集团一线"的姐"的巾帼风采。

踏浪前行的"领航员"

——记陕西省技术能手中国东方航空股份有限公司西北分公司客舱服务部民航乘务员周丹婷

周丹婷，女，1990年12月出生，2013年毕业于西安建筑科技大学，同年加入中国共产党，2014年2月入职中国东方航空股份有限公司西北分公司客舱服务部，现任客舱服务部乘务四分部乘务长。

严于律己，夯实思想觉悟

周丹婷始终用党员标准严格要求自己，充分发挥党员的模范带头作用，有较高的党性修养，能在思想上、政治上、行动上同党中央保持高度一致，在意识形态领域坚持以习近平新时代中国特色社会主义思想为指导，继承和发扬伟大建党精神，增强"四个意识"、坚定"四个自信"、做到"两个维护"，争做实践职业道德的模范，争当先锋党员。

以身作则，稳抓工作质量

自参加工作以来，周丹婷始终坚持加强业务知识学习，提升业务技能，把飞行生产安全作为工作中的重中之重，将"两个绝对安全"的职责使命牢记在心，一丝不苟地把关好每一项工作流程。坚决贯彻落实"精准、精致、精细、精彩"的四精服务理念，受到了广大乘客的认可与好评。重视团队凝聚力的培养，通过组织带领班组成员利用业余时间学习英语，学习公众号、小程序制作等技能，争做提升班组业务质量的领头羊。

坚守一线，落实责任担当

周丹婷是西北分公司客舱部重要航班专、包机保障组成员，她工作认真负责，多次组织或参与蓝天党小组、节假日等特色航班飞行任务，多次获得旅客表扬；多次代表客舱部参加"应急联合演练""机上防劫炸机演练"等应急演练活动；多次执行公司的重要航班保障任务。在执行飞行任务的时候，她永远是那个冲在最前面的、服务最优质的东航乘务员。

周丹婷将职业素养牢记于心，外化于行，落实于行，用一次又一次的精品服务，为旅客打造了蓝天上的理想服务范式，为公司树立了良好的口碑。

积极向上，保持奋斗初心

周丹婷有良好的生活习惯和作风，有严谨认真的生活态度，始终积极向上，充满正能量。她为人热情大方，诚实守信，乐于助人，和领导同事相处融洽，得到了大家的充分认可。她工作之余积极参加公司举办的各种活动，同时也是东航西北分公司舞蹈队成员，2017年1月，代表东航西北分公司参加了在上海举办的中国东方航空股份有限公司成立60周年文艺汇演；2018年，加入客舱部"年度凌燕品牌乘务示范组"；2022年6月，参加东航西北分公司第五届乘务职业技能竞赛，并荣获一等奖。

作为一名共产党员，周丹婷始终对自己高标准、严要求，坚持做到以客为尊，为每一位旅客提供优质服务，为树立中国东方航空标杆式服务品牌贡献自己的力量，为祖国的蓝天事业再一次腾飞全力以赴！

陕西省梦桃式班组

长路当歌为报国

——记陕西省梦桃式班组中交第一公路勘察设计研究院有限公司寒区环境
　　与工程研发中心

　　中交第一公路勘察设计研究院有限公司寒区环境与工程研发中心现有员工33人，其中博士13人，正高级职称9人，是一支以国家勘察设计大师为带头人，以国家"万人计划"为创新骨干，以青年员工为后备梯队的有活力、能战斗、善创新的科技研发队伍。伴随青藏公路的历次整治改建，老、中、青三代工程技术人员持续开展了50年冻土工程科研工作，攻克了世界性技术难题——多年冻土地区公路修筑技术，填补了该技术世界领域的空白，确立并保持了中国在高原多年冻土研究领域的国际领先地位，用实际行动践行了"特别能吃苦、特别能战斗、特别能奉献、特别能创新"的青藏线精神和"一不怕苦、二不怕死、甘当路石的'两路'精神"。现依托"极端环境绿色长寿道路工程全国重点实验室""青海青藏高原公路冻土工程国家野外科学观测研究站"等高端平台，服务于"一带一路"倡议

"丝路经济带"穿越的大面积寒区近2万千米伴行道路的建养。

平均海拔4500米的青藏高原，是人迹罕至的世界屋脊。团队长期坚守雪域高原，用生命和智慧寻找"天问"的答案。剧烈的高原反应长期考验着研究人员的毅力，为了公路的畅通，为了几百万藏族同胞的出行，在雪山脚下，他们搭好帐篷，安营扎寨，以工程现场监测与理论分析相结合的研究思路，建成了青藏公路、共玉公路等地温观测断面245个，观测孔700个，地温监测点15000余个，路基变形监测点530个，掌握了连续50年超过300万组的第一手观测数据。此外，他们还在新疆、内蒙古、黑龙江设立冻土工程观测研究基地，建成全球冻土区规模最大、观测周期最长、数据量最大的"一站两廊三场五基地"的公路冻土工程及环境监测体系。自行设计国内规模最大的步入式多功能冻土路基模型试验系统，建成以室内大型冻土环境模拟试验、真实环境长期暴露场地试验、实体工程状态试验为代表的"三位一体"特色试验研究体系。

目前团队拥有全国重点实验室、国家野外科学观测研究站等6个高端创新平台，通过持续的科研攻关，创建了冻土工程研究方法与测试技术，奠定了中国冻土工程研究基础；结合青藏公路历次整治改建，突破国际工程界多年冻土地区不能修筑沥青路面公路的禁区，建成世界第一条跨越550千米多年冻土地区的全天候通车二级公路；创立公路冻土尺度效应理论及能量平衡设计方法，成功建设了世界上首条多年冻土区高速公路——共玉高速。研究成果还在G219、G318、花石峡至大武公路、黑河至北安公路等工程中得到广泛应用。单青藏公路沥青路面建成至今，已降低运营成本44.7亿元，节约旅客时间效益达3.5亿元，减少交通事故损失达2.6亿元，社会、经济效益显著提升。

这些研究成果的取得，为多年冻土地区公路工程建养提供了坚实的科学依据，填补了该技术世界领域的空白，确立了中国在高原多年冻土研究领域的国际领先地位，为西藏地区经济建设与祖国内地同步发展提供了强有力的技术支撑，促进了青藏高原等多年冻土地区的社会稳定与经济发展，加强了民族团结。

团队在高海拔、极寒冷、缺氧的生命禁区，承担了国家重点研发计划项目、国家科技支撑计划项目及973科技专项、交通运输部重大科技专项等，科研经费达到1.8亿元；相关技术成果获得国家科技进步奖5次，2020年荣获国际路联全球杰出工程奖，获得其他省、部级科技奖励20余项，40多项研究成果达到国际领先和先进水平；出版专著20余部，发表学术论文200多篇，获得专利及软件著作权50余项。团队近年来先后被中华全国总工会评为"工人先锋号"，被国务院国资委评为"优秀科技创新团队"，获陕西省"科技创新团队"荣誉称号和陕西青年五四奖章（集体），被交通运输部授予"交通运输行业优秀创新团队""全国交通运输行业文明示范窗口"称号，一人获交通运输部"年度感动交通十大年度人物"称号，被中交集团授予"青年安全示范岗""品牌团队""优秀科技创新团队"等称号。

匠心精神铸品质班组

——记陕西省梦桃式班组中国东方航空股份有限公司西北分公司飞行部飞
行六分部致远号班组

　　2016年3月，为充分发挥党支部战斗堡垒作用，结合东航西北分公司飞行部"机长党员双培养"工作要求，以飞行六分部党支部第一党小组为骨架，成立了致远号班组。班组由30名飞行员组成，主要执飞东航西北分公司国际航线。

　　安全是民航业的生命线。飞行员和安全员、乘务员是民航事业的主力军，是保证飞行安全的核心力量，是建设交通强国的关键队伍，责任重大、使命光荣。2022年7月，为加强党对安全工作的领导，充分发挥党员先锋模范作用，教育引导广大党员飞行员立足岗位、建功立业，敢于担当、奋发有为，飞行部决定成立"燕翔东方"党员示范飞行机组，班组入选3人。

　　示范是最好的引领，榜样是最好的说服。班组中机长作为飞行中的核心成员，是否扎扎实实地做好自己的本职工作，认认真真地对待每一次飞行，决定着一支队伍的风气和发展方向。2023年夏天，班组执行的西安—杭州航班由于两地的地理位置及气候特点，经常发生航班延误。王啸机长在执行航班过程中多次发挥党员的模范带头作用，不骄不躁，严格秉持标准，在恶劣天气导致的长时间延误甚至备降中，保障飞行安全。

在日常飞行过程中，班组机长充分发挥表率作用，引领副驾驶不断强化作风建设，锤炼飞行能力，践行初心使命，着力打造一支信念坚定、政治可靠、尽职尽责、能力过硬、作风严谨、品德高尚的飞行队伍。

班组全体飞行员凭借着对工作的热情和爱岗敬业的精神，团结拼搏，恪守职责，在确保安全运行的前提下，保障航班生产任务，树立了"一支敢打硬仗的队伍"的良好形象。

班组还成立了"提高远程航线通讯能力"的项目工作组，在运行中充分发挥机长教员"传帮带"作用，在实践中磨砺飞行人才，引领飞行员学好技能、提升技能、用好技能，为培养具有过硬专业素养的飞行人才打下坚实的基础。教员还针对不同副驾驶的技术水平、性格特点因材施教，帮助副驾驶养成良好的安全意识，增强判断力和情景意识，形成良性循环。如张超机长作为分部风险控制小组副组长，利用休息期间反复研读手册，飞行期间认真总结，精心制作学习课件，帮助组员查漏补缺，提醒组员在运行过程中存在的各个风险点，为安全运行保驾护航。

坚定不移地树立"以人为本、安全第一"的思想，是建立安全长效机制的前提和基础。致远号班组的文化建设过程中，始终坚持以人为本的原则，以实现人的价值、保护人的生命安全与健康为宗旨。组长宋大治定期与班组成员谈心，摸排人员居住地址、近期思想动态、生活中的困难等情况，通过电话、视频等多种交流方式为其进行心理疏导、解决实际困难，提升员工的归属感。对稳定一线员工情绪，使其更好地投入生产运行，起到了良好的促进作用。

致远号班组以牢固的安全理念、优良的纪律作风、过硬的功夫本领，展现了优秀飞行员的风采和担当，持之以恒地为民航业的发展坚守匠心精神。

陕西产业工匠人才

红心向党做先锋

——记陕西产业工匠人才中交第一公路勘察设计研究院有限公司结构设计
高级工程师王建强

王建强，男，1984年10月22日出生，中共党员，研究生学历，正高级工程师，现任中交第一公路勘察设计研究院有限公司（以下简称中交一公院）西安中交土木科技有限公司副总工程师。负责或参与国家级、省部级等研发项目12项，编制交通运输行业标准6部、地方标准2部、团体标准2项、中交集团标准2部，获批国家专利39项，其中发明专利7项，发表论文10篇，其中SCI收录1篇、EI收录1篇。科研成果在全国百余项目的900多座桥梁中应用，科技成果产业化产值达35500余万元。

一、扎根基层，"强基"为本，聚焦核心优势技术领域创新攻关

（一）深练内功，发挥基础设施安全防护领域工程咨询引领作用

王建强充分利用一公院桥梁设计的基础

优势，紧跟国家部委重大政策和社会热点安全需求，不断完善交通工程安全评价咨询技术体系。以通航桥梁安全防护领域为代表，紧跟国家"船舶碰撞桥梁隐患治理三年行动"的实施步伐，提前布局，主持完成了船撞桥安全隐患专项咨询评估技术，完成30余地市90余座桥梁的风险评估工作，占全国总体近1/3，隐患治理设计桥梁100余座，咨询设计项目的实施转化率超过40%。

（二）由点及面，不断突破，完善交通工程行业安全防护整体解决方案，形成完整技术和产品体系架构

围绕交通工程安全防护领域的工程需求，逐渐形成了以安全咨询评估、特殊化装备开发、复杂工程实施和全寿命运维组成的交通工程行业安全防护整体解决方案，彻底解决复杂交通安全隐患的整治防护，创新形成对应技术产品17项。获批专利24项，主持编制国内首部桥梁防撞行业标准《桥梁附着式柔性防车撞装置》、国内首部航道桥梁防船撞装置技术标准《公路桥梁防船撞装置技术指南》，相关技术曾获陕西省科学技术进步一等奖、交建集团科技二等奖2项及交通运输部重大科技成果入库2项。

（三）以先进材料开发和特殊结构设计为基础，不断完善桥梁减隔震构件技术及产品体系

围绕"公路工程防减灾体系"，完成了通过桥梁整体结构动力分析模拟桥梁全部减隔震构件的协同作用分析方法，开发出应对高寒、高海拔、高地震烈度区的新材料及装备：国内首款高阻尼性能隔震橡胶支座、NDQZ桥梁减隔震支座和FFPB摩擦摆桥梁减隔震支座等6款核心产品。形成了以《桥梁减隔震装置通用技术条件》为上位标准的交通运输行业标准6部，为提升我国公路工程防减灾项目建设和技术水平保驾护航。

二、强创新，重应用，践行创新驱动发展战略，深耕科技成果产业化，开展新一代战略性新兴技术攻关

（一）抓住适度超前的基础设施建设机遇，不断寻找创新需求，推动科技成果产业化落地

自从事技术开发、管理工作以来，王建强带领团队不断健全完善科技成果转移转化体系，提高科技成果转化和产业化水平和效率，形成4个生产基地、3大业务经营联盟、30条生产线。在减隔震和交通安全领域应用成果显著，实施项目100余项，对提升企业竞争力、推动行业进步作出突出贡献。

（二）数字引领，着力推进传统优势核心技术与信息化技术相融合

王建强带领团队主要突破的研究关键点包含无线传感器网络、智慧孪生数字模拟以及可视化运维平台的建立，最终形成基础设施结构安全监测、评估、预警、处置一体化的防护装备系统，顺利完成市场化，并在交通运输部示范项目湖北黄石长江大桥等多个项目上成功应用。

（三）精益求精，追求卓越，打造创新团队，践行工匠精神

王建强通过长期的一线技术研究开发工作，充分了解研发人员发展需求，推动建立研发人员中长期激励机制、加大科研绩效激励力度，充分激发科研人员创新活力，打造了一支团结高效、积极向上、充满活力的研发团队。他还重视自身学习和技术积累，进一步提升专业技术，同时密切关注市场需求和动态，不断推动交通安全防护和防减灾技术迭代升级，通过推动数字化智能化赋能传统业务，努力将自己打造成厚基础、多领域、强能力的复合型技术人才，持续为我国交通强国建设作贡献。

奋斗最青春

——记陕西省产业工匠人才中交西安筑路机械有限公司冷作一组组长董斌

董斌，男，中共党员，1988年出生，现任中交西安筑路机械有限公司装备分公司制造二工段冷作一组班组长。自2008年3月参加工作以来，董斌始终严格要求自己，遵守公司各项规章制度，积极参加党的各项活动和学习，不断提高自己的理论知识和专业技能水平，在普通的工作岗位上，不断拼搏、努力进取。从2020年任职班组长以来，他带领班组员工完成了公司搅拌设备干燥筒总成、布袋除尘及非标任务60余台套，带领小组全年完成总工时286680小时，综合考评成绩位列工段前茅，为企业的生产经营工作作出了自己应有的贡献。

董斌同志先后荣获2015年"优秀师傅"、2016年"优秀员工"、2017年公司"优秀员工"、2018年公司"优秀班组长""企业劳模"、2019年"公司首届十大杰出青年"等荣誉，于2022年获中交公司"2022年度技术微创新项目"二等奖，于2023年获陕西省交通运输系统"优秀班组长"称号。

工作中，董斌勤于思考，肯动脑筋；刻苦钻研业务技术，解决工作难题；提合理化建议，进行技术革新；利用废料制作多种工装模具，使用模具制作产品高效便捷，既保证了质量，又减轻了劳动强度，工作效率得到了提升。为使产品制作过程更加规范、合理，他精心编制了SG3000、SG4000、SG5000干燥筒和布袋除尘器的完整制作工艺。2020—2023年，他个人共提出合理化建议85条，被公司、部门采纳实施47条；完成技术革新8项，创造经济效益20多万元。他积极响应公司"提质、增效、降成本"的号召，设计制作了干燥筒蒙皮裁边工装、滚轮架无线遥控等大小工装、模具15套，大大提高了工作效率，保证产品质量。此外，在公司焊接工人紧缺的情况下，他不但自己主动学习焊接技术，还注重小组成员的培养，所带班组成员人人成为多面手，业务技能水平处于工段前列。

工作之余，董斌又举办了数十期专业技能教育，为新员工及其他同事创造了良好的职业培训氛围，提高了全体成员的整体技术水平，取得了良好的效果。他积极与同事、同行进行技术交流、探讨，互相学习，共同进取。现在，他带过的徒弟均已成为行业内的技术主力和骨干，好的技能技术得以传承。经过长时间的经验积累，他总结出了一套工作诀窍，并在实际生产中推广和应用，从而提升了生产效益，解决了多项生产难题，为企业和社会节省了大量的成本，提高了工人的劳动效率，为公司带来了巨大的经济效益。

董斌大局观念强，遇特殊时期，总是坚守岗位，确保所在班组生产任务的按时完成。他在工作中时刻发挥党员的先锋模范作用，在公司多次劳动竞赛中，也时刻保持党员先进性。他关心集体、乐于助人、团结同志，在职工中形成了较高的威信，得到广大干部、员工的一致好评。

心向蓝天载梦起航

——记陕西产业工匠人才中国东方航空股份有限公司西北分公司客舱服务部民航乘务员常琳

常琳，女，汉族，1984年11月出生，中共党员，2005年7月起就职于中国东方航空股份有限公司（以下简称东航）西北分公司，现任客舱部乘务六分部乘务长、大组长，客舱部安全业务骨干，东航研发中心兼职教员。从业19年来，常琳始终以高标准严格要求自己，并贯行严谨的工作作风，以高水平的职业素养和过硬的专业技能获得了广泛认可。作为安全业务骨干，她多次承担各级各类客舱创新、课件研发、手册编写等工作，先后荣获客舱部"贡献之星""优秀带教贡献奖""优秀共产党员"等先进荣誉；2021年6月赴京参加中国航空运输协会组织的研讨学习班并获得中国航空运输协会"百名乘务长"证书；2022年被授予"中国东航先进个人"及"西北分公司先进个人"荣誉称号；2023年被推荐参加中国航协"优秀乘务长"评选。

抓好思想，坚持夯实"学"的基础

在思想上，常琳深入学习贯彻习近平新时代中国特色社会主义思想和党的二十大精神，高度重视自我培养、自我提高，积极主动参加政治学习和组织生活，不断提高自身政治理论修养和思想文化素质。在工作中，始终严格要求自己，勤于思考，争强当先，认真做好航班服务保障等工作，起到先锋模范作用；深入钻研业务，不断提升业务技能水平。常琳严于律己，严格遵守法律法规和公司规章制度，廉洁奉公，争做践行职业道德的模范，争当先锋党员。

深入基层，坚持提升"团"的实力

常琳在日常航班保障工作中，始终坚持对自己高标准、严要求，从每一个细节做起，一丝不苟、兢兢业业地做好每一个安全和服务工作流程。把服务当产品打造，把产品当精品打造，把精品当品牌打造，受到了广大旅客的认可与好评。

常琳担任大组长后，能够快速适应新的工作岗位要求，勇于承担更重的岗位职责，与班组成员达成共同目标，团结一致"守初心"，肩负共同的使命，共同担当。常琳重视班组成员的思想动态，深谙想要做好服务工作首先要从心里愿意做好服务工作的道理，引导组员牢固树立"乘客至上、服务第一、敬业光荣"的思想理念；重视班组成员的业务技能培养，分析梳理每位组员的知识技能短板，有针对性地给予指导和帮助，查漏补缺，从而达到强化提高班组整体业务能力和服务水平的效果；鼓励班组成员积极参与公司建设，其班组2020—2022年共提出合理化建议600余条；重视团队凝聚力的培养，组织带领班组成员利用业余时间学习英语，学习公众号、小程序制作等知识技能，寓教于乐，提高班组成员的个人修养，加深班组成员的情感交流，增强整个班组的凝聚力。

刻苦钻研，坚持倾注"才"的力量

常琳作为安全业务骨干，参与客舱部安全管理工作，并发挥所长，参与协助西北分公司以及客舱部安全工作程序及措施的编写，并将其在乘务员实际工作中验证落实，取得了好的成效。

2022年5月至7月，常琳被借调至西北分公司安全部，参与编写西北分公司《安全管理手册》。根据"总部管总、条线主建、分子公司主战"和属地化管理的要求，西北分公司依据东航《安全管理手册》和安全管理体系建设要求，结合安全运行实际情况，发布《安全管理手册》，加强安全生产标准化、信息化建设，构建安全风险分级管控和隐患排查治理双重预防机制，提高安全生产水平，确保安全生产。参与编写手册期间，她经常找安全业务专家请教、探讨、学习，将安全管理研究透彻，得到上级部门领导及同事的一致认可。

2022年8月至10月，常琳在西北分公司客舱部参与修订编写《客舱部管理手册》，主要负责安全管理及业务板块内容，她将管理手册上的内容及"手册精神"反复琢磨，结合客舱部实际仔细研究，为完善客舱部内部安全及业务管理制度、理顺工作流程，发挥了重要作用。

常琳作为客舱部兼职教员，在传授业务知识技能的同时，积极参与研发了《悉尼航线公务舱服务操作指导》《客舱管控——防砸伤》

《四防工作指导动画》《急救案例解析》《全国安全生产宣传咨询日——安全文化理念》等客舱安全主题课件，以通俗易懂的形式呈现专业的安全规定程序，深入浅出地传达给客舱部员工。

破茧"少年"踏浪前行

—记陕西产业工匠人才陕西交控运营管理有限公司商漫分公司收费记监
控员肖飞

　　一滴水，只有融入大海才永远不会干涸。一个人，只有把自己和集体事业融合在一起的时候才最有力量！肖飞在陕西交控运营管理有限公司（以下简称陕西交控）这个平台上，不断地学习成长，满心欢喜地看到单位的发展，也实实在在地感受到自己的变化。往事可回首，未来尚可期。他始终坚信，奋斗的人生最精彩。

懵懂少年　勤学好进展风采

　　七年前，肖飞带着饱满的热情来到了陕西交控的大家庭中，成为了一名高速公路基层职工。从踏进收费亭的那一刻起，他就立志要在平凡的岗位上干出不平凡的业绩。他上班时跟着前辈们学业务，下班后看资料，从最基础的微笑服务、收费技能做起，用心琢磨工作细节，虚心请教工作经验，积极参加各类活动锻炼自己，逐渐成为单位放心、司乘满意的"活跃分子"，看到领导及同事对他肯定的眼神，他知道，努力不会被辜负，付出终有回报，也更加坚定了努力做到更好的决心。

同事们说他爱笑，他就毫不吝啬地把最美的笑容展现给过往司乘；说他勤劳，他便力所能及地用心呵护收费站的小家；说他善学，他就争做表率，努力把工作做得更好；说他积极，他便努力发挥带头作用，协助站长加强班组凝聚力。一步一个脚印走来，肖飞成长为同事眼中勤学、礼貌、积极、阳光的大男孩，在工作中遵章守纪，细致高效，各项业务掌握熟练，文明服务细致入微，为司乘提供全方位的贴心服务，多次得到司乘赞誉。

凡事争优　小荷才露尖尖角

因为工作中勤于学习、善于思考、遇事积极争先，肖飞也获得了很多锻炼和成长的机会，参加过多次技能比武和单位组织的各项活动。他2018年参加了原陕西交通集团主办的业务技能竞赛，在花式点钞表演赛上，用多种花式点钞方法准确计数，积累了大赛经验；2019年参加商漫分公司收费业务技能大比武，刻苦训练，团结协作，在队列展示和点钞点卡环节表现突出，他所在的参赛组最终获得团体一等奖。在单位组织的多次文艺演出中，肖飞积极参加，主动参与创作和表演，取得了良好的反响。由于各方面的突出表现，肖飞得到了领导和同事们的信任，从收费员到收费班长，完成了自己人生的第一次蜕变。

全国征程　汲取精华促提升

2021年10月，肖飞在第十三届全国交通运输行业职业技能大赛选拔中，以商漫分公司第一的成绩进入陕西省选拔赛集训队。他瞄准自身短板，熬夜奋战3500道理论题，理论知识从最初的六十多分提升到九十八分，加上在收费操作速度上的优势，在集训队中名列前茅。最终在陕西省选拔赛中，他以绝对优势一举夺得陕西省第一名，被授予"陕西省技术能手"荣誉称号，并代表陕西省参加全国总决赛。

第十三届全国交通运输行业职业技能大赛全国总决赛于2022年11月10日在成都开赛，肖飞代表陕西省走上了全国舞台，以在理论、故障、应急、实操四项赛事上稳定地发挥，最终荣获公路收费及监控员全国团体第十名。赛场上，他沉着冷静、不骄不躁；赛场下，他孜孜好学，虚心向顶尖选手请教竞赛技巧，为今后的学习培训找准方向。

肖飞正在前行的道路上乘风破浪。一代人有一代人的追求，像肖飞这样的年轻人是陕西交通的希望，也是全面建设社会主义现代化国家不可或缺的中坚力量。青年兴则国家兴，青年强则国家强。他们以梦为马，不负韶华，在青春的道路上奋发向前，走向更辉煌的未来。

用初心守护旅客归途

——记陕西产业工匠人才长安航空有限责任公司运行控制部运行管理中心
签派员王耀

　　作为长安航空有限责任公司（以下简称长安航空）运控体系"党员业务核心团队"的青年党员骨干力量，王耀自入职以来始终保持锐意进取的精神状态，充分发挥党员先锋模范作用，积极投身急难险重任务，在公司运行品质提升、重要航班保障等方面作出积极的贡献。

　　在长安航空运行品质提升方面，王耀牵头在运控体系"党员业务核心团队"成立掣肘航线攻坚提升小组，联合各生产运行部门，通过优化航线网络结构、强化过程管控、攻坚重点航线、强化协同联动、提升从业人员业务能力等举措，深挖长安航空航班运行品质提升潜力，全力保持较高水平的航班正常率，2022年创公司原因航班延误率连续113天0%的佳绩，正常率排名全民航第7名；2023年正常率稳居排名全民航第4名。带领掣肘航线攻坚提升小组成员深入剖析民航局政策要求和指示精神，将《"十四五"航空运输旅客服务专项规划》各项任务措施落到实处，制订了切实有效的提升举措：持续开展掣肘航线攻坚提升课题研究，梳理低正常率航线受限关键点、协调节点、决策时间点等要素，每日发布正常率日历，每周发布正常率预警邮件，联动市场体系强化预先飞行计划执行率等数据监控，输出可供实践参考的决策流程和依据，提高掣肘航线正常率；持续收集整理各席位优秀保障案例和民航局航班正常性有关文件，定期组织关键岗位人员开展运行品质意识及能力提升培训，提升从业人员综合业务能力。

运行控制部运行管理中心是长安航空重大运输的总牵头单位，王耀在这里充分发挥了党员先锋模范作用。

2022年1月根据"西北局发明电〔2022〕37号：关于成立西安地区大中专（含技校）寒假放假航空运输服务保障组织协调小组的通知"，紧急拟写《长安航空西安地区大中专(含技校)寒假放假航空运输运行保障方案》。1月20日至24日顺利牵头保障学生返乡包机航班8班，正常率100％，安全运输1350名学生返乡归家。

2022年11月至12月，为确保滞疆旅客尽快离疆，连续多次组织乌鲁木齐、阿勒泰等地区包机任务，克服暴雪低能见度天气、保障资源紧张、航班信息波动频繁等特殊、复杂的运行环境难题，共计牵头完成12班包机任务，下发12份包机生产运行指令，共计疏散1400余名旅客，航班正常率100％，获得包机方一致认可，同时收到新疆陕西商会的感谢信。

作为一名从业近10年的签派员，王耀以主负责人的身份完成了长安航空成立初期计划控制席位的筹建工作，确保席位SOP工作流程、岗位职责、软硬件配备等各方面满足公司合规运行标准。在计划控制席岗位多次成功处置了航班大面积延误、运行非正常事件、重要航班保障等情况，荣获公司级奖励10余次，持续优化席位工作流程，确保公司运行安全平稳。

基层"创客"大有可为

——记陕西产业工匠人才宝鸡市公路局凤翔公路管理段公路养护工程师王晓斌

王晓斌，男，汉族，1982年1月出生，1999年12月参加工作，中共党员，土木工程（公路工程与管理）专业研究生，路桥工程师，是宝鸡市公路局基层县段的党支部书记、段长。在基层公路养护和管理过程中，他不走寻常路，守正创新，锐意进取，通过创新、革新养护设备机具，极大程度地减轻了职工劳动强度，保障了工作安全，降低了养护成本，提高了工作效率，提升了社会效益，为公路养护和管理蹚出了一条新路子。

创新研发强养护，科技助力提效能

王晓斌以公路工作实际为平台，大胆创新搞研发。2022年4月，在凤翔公路管理段组建研发团队，结合公路防滑保畅工作实际，积极研发公路融雪防滑全自动抛洒机。研发中为了克服传输口传料出现卡死、洒料宽度不足、抛洒机动力不足、融雪剂腐蚀整机等技术难题，他和同志们经常加班加点至深夜。经过努力，终于设计出了造价较低、节省劳动力的实用公路融雪防滑抛洒机。该抛洒机在2022年的防滑保畅一线发挥了积极的作用。该项目现已注册商标，获得了实用新型专利证书，申报了陕西职工成果命名。

之后，王晓斌又对段原有起吊机和护栏清洗机进行了研究和改造。为解决沿线钢板护栏污染严重、清洗频率和工作量大的难题，他和同志们对原清洗机进行了改进，新装了汽油机，加装了折叠支架，为原清洗机更新换代。升级后的清洗机打开支架后清洗刷就能紧靠护栏板，汽油机带动清洗刷旋转，清洗方便。使用简易清洗机后，清洗速度可达到8千米/时，大大提高了工作效率。为解决路面小修作业中材料起重难题，克服路面狭窄而人力又无法完成的特殊作业情况，他自制研究了简易起吊设备，该设备主要由车载液压系统提供动力，在车箱加装钢管立柱，在管顶加装伸缩臂，在立柱和伸缩臂之间加装液压油缸，利用油缸升降起吊设备或物品。它的研发成功解决了沿线边沟盖板修复、护栏面板安装起吊、小型设备的转运和路面施工物品转运等难题。

拓宽思路跑项目，助力养护求效益

为积极响应市局"二次创业"战略，王晓斌主动向上向外对接，推动项目合作，在闯市场、争项目、谋发展上按下快进键，跑出了加速度。近年来，他积极向市局争项目，完成了服务区改造、灾毁应急修复、质量防护工程、安全隐患工程等10余项价值共计2400余万元的内部工程。同时，他积极向外对接项目，参与了区交通局公路养管项目，完成了西凤大道路面纵横裂缝处治工程、纸坊路面处治工程、区域道路硬化处治工程、农村公路局安保护栏工程、紫荆桥清淤工程等外部工程。他还与区交通运输局签订了区南环路"十四五"期间13.6千米的养管合同，协助宝鸡市公路局路桥集团签订了与柳林酒业集团价值1800万的厂区道路二期工程合作意向书。通过向外开拓延伸，挖掘了团队内部潜力，树立了外部形象，双向驱动确保了县段各项工作稳步提升。

在王晓斌的带领下，凤翔公路管理段连年被宝鸡市公路局评为目责考核"优秀单位"。他个人先后于2006年获宝鸡市团委"优秀共青团员"称号，2009年获宝鸡市团委"优秀青年岗位能手"称号，2010年获宝鸡市团委"宝鸡市青年突击手"称号，2012年获陕西省公路局"陕西省关中片区公路养护知识竞赛"第三名，2013年获宝鸡市团委"宝鸡市优秀共青团干部"称号，2015年获宝鸡市委组织部、宝鸡市扶贫开发办公室、陕西省人力资源和社会保障局"全市驻村联户扶贫工作优秀个人"称号，2021年获宝鸡市交通运输局年度考核"先进个人"称号等荣誉。

陕西省交通运输系统

优秀班组长

积跬步，至千里

——记陕西省交通运输系统优秀班组长中交第一公路勘察设计研究院有限公司瑞通科研试验检测有限公司戴海岳

　　戴海岳自参加工作以来，从一名普通的技术人员逐渐成长为公司技术骨干，目前担任公司第三方中心试验室项目负责人。工作中他敢于承担，勇于分担，连续多年获得公司"优秀员工""双文明建设先进职工"等荣誉称号。

　　作为一名共产党员，戴海岳始终坚持以习近平新时代中国特色社会主义思想为指导，以实际行动树牢"四个意识"，坚定"四个自信"，坚决做到"两个维护"，对党忠诚，积极进取，在政治理论学习、联系群众和遵纪守法等各方面都发挥着党员先锋模范作用。他一直坚守基层一线，以严谨的工作态度对待每一项工作，取得了优异的成绩。他奋力拼搏的敬业精神，带动了全体项目成员的工作热情。

　　在日常工作中，为了实现项目公司"品质工程"目标，戴海岳白天深入施工现场实际调查施工进度及质量控制工作，晚上根据施工现场实际情况，严格按照试验检测公司"客观公正，科学严谨，准确可靠，服务满意"的质量方针，开展试验检测工作的布置与规划。2022年末，项目业主为了给二期工程进场提供工作面，提出2023年元旦前路基交工的工作目标。为配合项目公司整体战略计划，他带领团队毅然坚守一线，中心试验室全体检测人员放弃休假，克服新冠后高烧、浑身酸痛等症状，在做好各项防疫工作的同时，以认真、细致、负责的态度顺利完成交验工作。从业二十余年来，面对成千上万次重复且繁杂的试验检测工作，他坚持以"简单做到极致"的态度完成每一项工作，获得了上级领导和同事的充分肯定，连年获得公司"优秀员工"的荣誉。

在项目管理过程中，戴海岳秉持"安全第一，质量为本"管理理念，始终坚持把安全工作放在首位，把安全教育和隐患排查治理当作头等大事来抓，他所负责的项目均实现了零事故。

在生活中，"大家是一个集体""要有家的感觉"是戴海岳经常挂在嘴边的话。每做一个项目，他都会记录团队每位同事的生日，通过集体生日会等暖心的方式缓解大家常年在外的孤独感，增强团队的凝聚力。

在廉洁从业方面，作为检测项目的负责人，戴海岳深知正确行使职权、充分履行职责的重要性。在试验检测工作中对施工单位稍微放松要求，都可能给工程埋下巨大的质量隐患。他始终以"壁立千仞，无欲则刚"作为廉洁信条，要求项目人员严格把关，坚持以数据说话，替业主把好工程质量的红线和底线。

戴海岳常年奋战在高速公路建设一线，坚守初心，积跬步，至千里。自他任职以来，项目始终保持党风廉政、安全生产管理、疫情防控及突发事件应急管理等形势稳定。他用自己坚定的信念、顽强的毅力和积极的进取，诠释着一名普通党员的责任与担当。

方寸空间的守望

——记陕西省交通运输系统优秀班组长中国东方航空股份有限公司西北分公司综合管理部车辆保障分部班组长姚立旭

姚立旭是中国东方航空股份有限公司西北分公司综合管理部车辆保障分部的一名驾驶员，也是"心连心班组"的班组长，主要担负着西北分公司机组通勤车辆保障任务。自从2011年入职东航西北分公司以来，姚立旭凭着过硬的驾驶技术、积极的工作作风、良好的职业操守、豁达的生活态度，赢得了同事尤其是机组人员的一致好评，2022年先后荣获"东航西北分公司先进个人"和"西北民航岗位先进个人"荣誉称号。

　　多年来，姚立旭能够积极参加单位组织的各种学习活动，并坚持利用空闲时间，加强交通法规和车辆维护知识的学习，同时积极吸取其他同志的安全驾车经验，不断提高自身的综合素质。他深知机组车辆安全责任重大，来不得半点马虎大意，行车中稍有不慎就会给公司带来极大的影响，因此给自己制定了驾车"五不"原则：不疲劳驾驶、不私自出车、不开超速车、不开带病车、不开赌气车。他始终坚守安全第一的底线，自觉遵守公司的各项规章制度，坚持文明行车，养成良好的开车习惯。2020年以来，姚立旭共计安全行驶10余万千米，无差错、无事故，是同事们心中的标杆榜样。

姚立旭爱护车辆，洗车、擦车是他每天必做的工作，在单位他开的车辆总是最干净的，保管的车辆多次被评为"红旗车"和"月检明星"。每次出车前，他都要对车辆进行严格的检查，任务完成以后及时对车辆进行维护和清洁，为下次出车做好准备，使车辆始终处于良好的技术状态。因此，他多次承担单位大型会议或重要活动的车辆保障任务。在2018年西安国际马拉松赛组委会车辆保障工作中，他提前做好车辆性能维护，清扫车内外卫生，与同事们提前熟悉保障路线，交流VIP服务技巧，为赛事组委会提供了高效、安全、优质的乘车服务，得到组委会的一致肯定。

姚立旭服务热情主动、大方得体，用他自己的话说："行车有终点，服务无止境"，这是一种信念，是以"服务为乐"、以"奉献为荣"、以"乘客为尊"的精神。在工作中他心系机组人员，服务周到，主动沟通，微笑对待每一位机组人员，坚持帮助他们摆放行李，工作11年以来服务零投诉，捡拾并上交机组遗失在车内物品30余件，价值上万元，均主动上交或归还机组人员，真正让乘客体验到"车里就是家里"，得到了大家的认可和机组人员的赞扬。

作为一名班组长，他积极为部门生产安全建言献策，及时组织班组进行学习。日常工作中，他以身作则，敢于大胆管理、严格要求，又善于关心帮助同志。他能与班组成员打成一片，遇事广泛听取组员建议，建立了一支团结和谐、安全高效、服务优质的优秀班组集体。他积极做好"传、帮、带"工作，分部多次将新聘驾驶员培训工作交给他。为了使新员工尽快上岗，他主动放弃自己的休息时间，跟车指导。从新招人员的驾驶习惯和规范动作抓起，不厌其烦地反复教育与指导，并结合他自己多年接送机组总结的经验和方法，从驾驶作风、行车路线、服务机组技巧等多方面耐心指导。对新人出现的问题，他总是不厌其烦，耐心解释，直到他们学会为止。在他的努力下，多名新员工已顺利走上工作岗位。

　　姚立旭就是这样日复一日、年复一年地在驾驶室的方寸空间里默默地耕耘着，用一名东航职工的高尚情操，影响带动着身边每一个人，为东航的安全发展，贡献着自己的光和热。

秦岭深处的守护

——记陕西省交通运输系统优秀班组长陕西交通控股集团有限公司西汉分
公司秦岭管理所养护班班长王堃

　　王堃，扎根在西汉高速秦岭深处的一名平凡的公路养护人，主要负责西汉高速秦岭段道路日常养管工作。他选择了在高速公路运营管理最为辛苦、危险和任务繁重的一线，带领西汉养护人用实际行动诠释着"坚守、埋头苦干、奋斗、卓尔不群"的西汉精神，也彰显了陕西交控人的责任与担当。

以"匠心"坚守"初心"

　　公路养护是较为辛苦的工作，夏天蚊虫叮咬、浑身是汗，冬天冻得鼻涕直流。王堃自担任养护负责人以来，以身作则，忘我付出，以一颗赤诚的心，日复一日、年复一年细心"呵护"养护路段。在工作中，他注重发挥日常养护片区化改革优势，创新养护人员与驻所项目经理"同巡查、同施工、同检查、同验收、同计量"养管新模式，将片区化改革成效深度融入日常养护。利用有利时机压茬开展4个月专项整治，精雕细琢路容路貌，解决养管死角顽疾，品质形象焕然一新。在他和同志们的精心管护下，西汉秦岭段路容路貌大为改观，所在养护工区建设水平一直处于交控公路养护系统中的前列。

以恪守护万家灯火

2022年入冬以来，秦岭连续普降大到暴雪，降雪厚度最多达15厘米。作为秦岭段除雪保通主力部门负责人，王堃面对暴风雪，迎难而上，每天在路上战斗16小时以上。困了，就在车上睡一会儿；渴了，就喝一口凉开水；饿了，就吃一口干粮。风雪中，他一边指挥清雪除冰、抛撒融雪剂，一边救援受困车辆。其间，王堃家人生病了，需要他陪伴照料。那时恰逢归家潮，多少人都等着安全及时回家，他身上还肩负着为民开路的使命。他舍小家为大家，一直投身在除冰除雪的战斗中。事后，领导和同志们感叹不已，大家都懂王堃的情和义——他的情是对南来北往司乘人员的情，他的义是舍小家为大家的义。没有惊天动地的壮举，也没有耀眼的光环，但王堃凭着一颗炽热的心和对养护事业的执着追求，在平凡的工作岗位上无私奉献，践行着初心和使命。

以创新显大效果

在养管工作中，王堃紧扣运营管理新形势，持续开展科技创新与转化落地工作，针对秦岭段公路保洁成本投入高、作业效率不高、安全风险大的现状，他深入践行质量管理意识，遵循"PDCA循环"管理技术，历时3个月，成功研制了"多功能公路保洁装置"。此装置具备钢板护栏、隧道洞壁、隔音墙、防眩网等多种构造物清洗功能，替代了专用隧道清洗车，避免了重复购置，节约费用约110万元，持续推进提质增效、高质量发展。他首推养管新材料应用试点，开展防腐涂层应用试点，解决XK1171+673.5大桥、SK1171+610大桥240米桥梁砼护栏表层剥落、露筋问题；开展水性防腐漆应用试点，解决XK1146–XK1145段932块防眩板老旧、褪色问题；开展警示标水漆应用试点，提升XK1155段210米连续弯道路段安全通行能力。道路养管新材料的成功应用试点，解决了养管病害和顽疾，提升了道路养管技术质量。

　　王堃在西汉高速与冰雪鏖战的日子里，冰冷刺骨的寒风强壮了他的体魄，艰巨的使命任务锤炼了他的筋骨，"坚守、埋头苦干，奋斗、卓尔不群"的西汉精神激励了他的心志。在高质量发展的新征程上，他将努力在交控集团这片热土上扎根、成长、奋进，以实际行动跑出加速度，拼出新精彩！

微笑服务暖归途

——记陕西省交通运输系统优秀班组长陕西省高速收费中心 12328 & 12122 热线班组长公娇娇

公娇娇从事12328&12122话务工作以来，恪守职责、善于沟通，工作中始终秉持"奉献一流服务"的理念，以认真负责的工作态度，立足岗位默默奉献，充分发挥党员的先锋模范作用；生活中吃苦耐劳，乐于助人，与同事们和谐相处。公娇娇始终保持一颗积极进取的心，做到了不辜负领导的支持与信任，戒骄戒躁；不依赖已有的经验和成绩固步自封，获得了大家的认可，尤其是员工的好评。

立足岗位，凝心聚力创佳绩

公娇娇从事话务工作期间，时刻以"干一行，爱一行"的职业标准严格要求自己，实现了沟通零距离，服务零差错，用户零投诉的"三零"服务目标，因表现突出，从一名话务员快速成长为班组长。作为一名热线班组长，公娇娇带领班组争优、创优，毫不懈怠。她

129

在努力精进自身业务水平的同时，还召开班务例会，每周安排自学、自查活动，每月组织业务测试，在班组内形成"比、学、赶、超"的良好氛围，激励组员争做"业务标兵"，不断加强班组成员的业务能力。工作中，她力求做到有问题，即解决、不拖延，提升班组整体服务质量；在流动考核竞争机制下，公娇娇带领班组，不怕挑战，勇于竞争，在服务质量、通话量、电话接通率、日常管理等方面拔得头筹，获得科室领导的认可。她所带的班组连续多次被评为优秀班组，业绩突出，表现出色。

爱岗敬业，建言献策促发展

爱岗敬业，对公娇娇来讲并不只是一句口号。在话务热线工作中，经常会遇到热点、难点，作为热线班组长，她每个班次都会询问组员，来电人关心什么，还有什么回答不了的问题，然后第一时间收集资料，归纳要领，并将当班总结的知识重点、应答技巧分享至其他班组。她总是提醒组员，我们要急群众所需，解群众疑惑。日常工作中，公娇娇还具备敏锐的洞察力和扎实的业务能力，善于思考和总结，为科室制度建设建言献策。积极参与科室重大文件的起草和完善工作。先后参与了《陕西交通服务热线制度汇编》等材料的拟定工作，获得了科室领导的高度评价。

主动作为，做热线品牌推广人

作为一名热线班组长，公娇娇在努力提升自身业务水平的同时，不断加强热线品牌建设工作。一是积极参与"陕西交通12122"官方微信、微博的建设及运营管理工作，利用两微平台做好信息发布、咨询解答及政策宣传，推送节假日期间免费专题内容，不断提升热线的社会普及度。二是加强与电台交流合作，与全省14家电台建立路况连线播报机制，每日连线30余次；联合三家省级电台开设了"12122之声"专栏节目，每年录制重大节假日专题及行业政策类节目8期。三是参与创建"陕西高速APP"及"陕西12122"小程序路况直播平台，积极参与合作电台采、编、播的实地学习，吸纳好的经验做法，不断为直播团队积累专业知识。

一双手，一段故事

——记陕西省交通运输系统优秀班组长、陕西省交通医院外一科主任刘斌

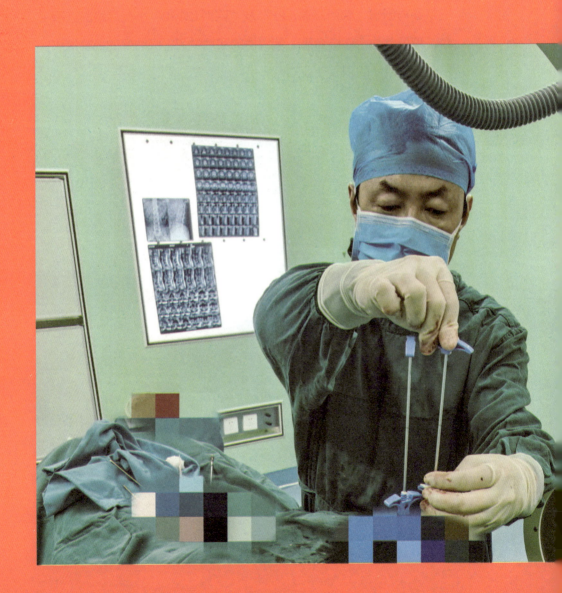

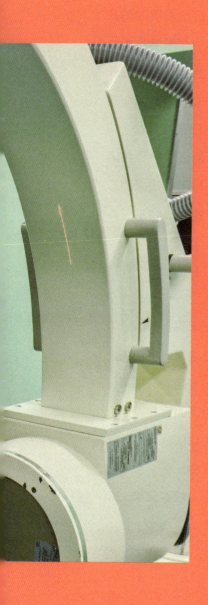

刘斌，男，1980年10月出生，陕西周至人，2004年6月毕业于陕西中医药大学中医骨伤专业，大学本科学历，2011年5月取得中医骨伤专业主治医师资格，2020年8月取得中医骨伤专业副主任医师资格。

刘斌从事骨科临床诊疗工作近20年，积累了丰富的临床工作经验。2017年任省交通医院外一科主任后，在骨科专业梯队不健全的情况下，积极开展业务，培养下级医师，带领团队研发新技术，填补了骨科专业手术空白，不仅拓宽了业务范围，而且对医院专业学科建设作出了巨大贡献。

他本着对医学技术的钻研精神，不断深入学习，持续带队开展诸如"封闭负压引流术治疗各分期褥疮""膝关节腔镜下半月板部分切除及修整成形及关节清理术""经皮椎弓根螺钉内固定治疗胸腰椎骨折""经皮微创球囊扩张椎体成形治疗老年性胸、腰椎压缩骨折""微创经皮胸、腰椎骨折切开复位钉棒内固定系统的应用""膝关节镜在关节疾病的诊断和治疗""经皮微创PFNA（新型股骨近端髓内钉固定系统）治疗""记忆合金环抱器治疗多发性肋骨骨折""人工肱骨头置换术""抗生素骨水泥在骨髓炎病灶清除术中的应用"等新技术、新业务。

在带领科室不断发展壮大的同时，刘斌注重对自身素质的提升和对临床经验的总结研究。2018年10月，刘斌参加中国医学救援协会动物伤害救治分会举办的"医路清风、不忘初心"大会，并当选理事，任期五年，同时荣获知识竞赛一等奖。2018、2019年，他在核心期刊上发表专业论文两篇，分别为《中西医结合治疗膝关节骨性关节炎的临床效果》和《不同手术治疗方案治疗老年创伤性股骨粗隆间骨折的效果及安全性分析》。2020年成功晋升骨科副主任医师，2021年当选第一届陕西省中西医结合学会骨伤科专业委员会常务委员、中华医学会骨质疏松和骨矿盐疾病分会委员。

"做一件事就要把它做好"，这是他对团队及自身的要求。在工作中，刘斌对科室人员严格要求，他常常告诫科室医生，"人的生命只有一次，对患者来说，没有回头路可以走，要善于学习，汲取别人的经验教训。接诊危重患者，医师要高度警惕，反复巡视，密切关注病情，随时处理突发情况"。在问诊时，刘斌总能循着病人的思路，迅速筛选出有用的信息，使患者在生理和心理上都得到治疗与宽慰。他说："人文关怀是医学的本源，贴近患者，让患者信任，治愈的不仅仅是身体本身。"作为一名医生，他不忘初心、见微知著，全心全意为患者服务，全面地、辨证地分析病史、症状及有关检查结果，审慎地、负责地作出诊断与处理。

在刘斌的带领下，科室人员团结一致、奋发向上、积极进取，经过大家的共同努力，医院外一科先后荣获陕西省青年文明号、西安市卫健委"抗击疫情优质护理服务"先进集体等荣誉，连续多年被评为医院"先进集体""优质护理服务先进集体""先进工会小组"等。多年来，科室无一例医疗差错及事故发生，多次收到锦旗、表扬信，受到周边群众一致好评。

当好"主心骨"，架起"连心桥"

——记陕西省交通运输系统优秀班组长陕西省交通运输发展研究中心研究
三室主任范俊玲

　　范俊玲，1983年11月出生，现任陕西省交通运输发展研究中心研究三室主任、陕西省交通运输发展研究中心工会经审委员、陕西省公路学会专家委员会道路运输专家。2022年，荣获第一届陕西省公路学会优秀工程师称号；2021年，获得陕西省交通运输厅直属系统优秀共产党员称号；2013、2014年连续获评全省交通运输系统新闻宣传工作先进个人。

　　平日里，她是部门的"主心骨"，也是领导眼中积极奋进的带头人。面对庞杂纷繁的工作，她把各项任务和总体目标结合起来，统筹安排政策研究和日常工作，带出了一支团结奋进敢打硬仗的团队。她以诚心、耐心、热心做好每件事，兢兢业业、率先垂范，尽职尽责做好本职工作，真正做到了以单位建设为中心，以班组工作为核心，以自己的言行诠释共产党员的先进性。

恪尽职守　走深做实

"一语不能践，万卷徒虚空。"作为团队带头人，范俊玲带领调研组深入一线，针对调研内容，明确责任分工，有的放矢，去虚务实，静下心和群众面对面、心连心。通过走村入户、座谈交流、车上访谈、发放问卷等方式，求实、求细、求准，调研了10个地市、30多个县（区）。先后完成了综合运输体系发展、公路养护管理、农村物流发展、交通运输与旅游融合发展、道路客运企业转型发展、定制客运等30余专项调研。

她带队深入秦巴山区开展农村物流发展调研，专题调研成果为各部门提供了理论依据和参考；她安排人员多渠道收集数据，多角度精准测算，形成《全省道路客运行业纾困调研及补助方案测算报告》等基础性材料，为落实助企纾困政策，促进全省道路客运良好发展发挥了参政、辅政作用；她认真制订调研方案，开展沉浸式定制客运调研，深入一线解决实际问题，在实践中推进政策创新。

学思并重　细研深究

作为部门负责人，范俊玲主动尽责，敢于担责，做到认识问题担难不怯、发现问题担责不推、直面问题担事不躲、解决问题担险不畏，为行业发展献智献策。工作至今，她主持或作为骨干参与了10余项科研项目。其中，陕西省丝绸之路经济带交通运输发展对策研究项目为促进陕西省"一带一路"交通建设、关中平原城市群交通规划提供决策依据，主要成果被《陕西省"十三五"综合交通运输发展规划》采纳应用；陕西省综合交通运输体系研究项目提出陕西综合交通运输体系的目标任务、保障体系，核心成果以《陕西省人民政府办公厅关于加快构建全省综合交通运输体系的意见》印发，形成全省综合交通运输体系建设的行动纲领。她坚持自我净化、自我完善、自我提升、自我提高，通过自学经济、交通运输、管理学等专业知识，参加业务、行政、继续教育等培训，做到对自己高标准、严要求。

甘于奉献　扎根岗位

在日常工作和生活中，范俊玲爱岗敬业、勤勤恳恳、不急不躁、始终如一。在中心人员少、力量薄弱的现实情况下，作为部门负责人，她同时承担着人事劳资和工会工作。她用"三个坚持"不断提升组织人事工作质效。坚持标准选好人，坚持强化培训育好人，坚持建立制度管好人。她用"一个计算器"精准计算劳资数据。她办公桌上醒目的计算器见证着每一份劳资报表数据的产生；她反复核算、检查，只为每一个数据的准确无误，保障职工的每一分权益。她用点滴问候做好职工的"娘家人"。范俊玲深知工会是服务职工的最前沿，她始终坚持以"初心、匠心、贴心、聚心"，做实、做细职工服务工作，把温暖送到职工的心坎里，累计开展涵盖生育慰问、结婚、送温暖、送清凉、节日等慰问活动30余次。

画好保护"同心圆"

——记陕西省交通运输系统优秀班组长西安市出租汽车集团有限公司客户服务中心大班长白璐

白璐，女，1982年6月出生，2013年入职西安市出租汽车集团有限公司，现任客服中心大班长。主要从事出租汽车GPS线上端信息化服务及日常客户服务。工作十多年来，她秉承"用责任心做事，用感恩心做人"的工作理念，兢兢业业、竭诚奉献，认真履行岗位职责，出色地完成领导交办的各项任务。她将自身的成长扎实地投入岗位奉献中，让青春在为民服务中绽放光芒。

　　白璐在担任话务员时，每天披星戴月三班轮转，确保不漏接一个电话；在担任舆情信息监控员时，每日不断浏览各大网站，确保不遗漏一条信息；在担任路况信息播报员时，汇总搜集道路情况，及时有效地反馈给出租车驾驶员和FM99.9西安交通广播，让每天出车的驾驶员道路畅通不堵心。白璐因对待工作认真和细心，所以被FM99.9西安交通广播评为"优秀信息员"。

2020年，自担任客户服务中心大班长以来，白璐每天第一个来到中心，提前做好前日信息梳理分类工作；每日下班前确保所有的设备全部关闭，排除安全隐患，完成夜班交接手续后再离开，已成为她的惯例。回到家中手机也是24小时待机，一旦发现重大问题，及时报备处理。

白璐作为大班长，爱岗敬业，文明服务，有老陕"古道热肠"的性格和精神。在管理中，她严肃认真，保证每一个班次的认真完成与团结协作；在生活中，她是温暖的大姐姐，无论同事们有什么业务问题或者需要帮忙的，她总是热心、细心、耐心地答疑解惑，提供协助。她总是及时为乘客排忧解难，迄今挽回乘客经济损失85万元，为乘客找到遗失物品17150件，化解5490起司乘纠纷，受到广大乘客的赞誉和领导的肯定。

工作中有两件事让她记忆深刻。2022年11月2日，市民李女士来电称：乘坐出租车从韦曲南到太乙宫附近下车，下车时应支付车费49.90元而错付成499元，询问市民后，得知是车牌号为陕AD97397的出租车，确认为集团所属单位中北公司管理的车辆后，及时呼叫驾驶员。在确认驾驶员处于停车的状态后，就乘客多付金额的事宜进行核实，证实有这笔收款记录，白璐赶紧联系乘客，将驾驶员电话告知乘客，驾驶员将多收的车费退还乘客，乘客收到后来电表示感谢。

2022年10月8日，市民杨先生来电称"乘坐陕AD9323*出租车在机场T2航站楼下车后，因携带东西较多，不慎将一个行李包落在后备箱"。白璐接到乘客的电话后，了解到乘客要赶飞机，急需寻回物品，她第一时间联系驾驶员确认，得知驾驶员已经在返回的高速路上，她又及时向其说明情况，请驾驶员务必折返将物品送还乘客。一件件实物查询的小事，都需要话务员反复沟通协调。过程中，面对乘客的焦虑，白璐耐心地安抚；面对驾驶员的满腹牢骚，她不厌其烦地开导，将一场司乘的矛盾及时缓和化解，获得乘客和驾驶员的点赞。

做事在前，身先事行。白璐作为班组长凡事必须做到其他人的前面，为全班组人员起到模范带头作用。只有带好头，大家才有动力，才能更加用心地把事情做好，才能调动大家的积极性，把班组工作做好。工作多年，她也许没有轰轰烈烈的事迹，也没有惊人的壮举，但她在平凡的岗位上诠释了责任与担当，用自己的力量助推集团的高质量发展续写新的篇章。

陕西省『五星级』厂务公开职代会单位

"阳光工程"激发企业活力

—— 记陕西省"五星级"厂务公开职代会单位陕西交通控股集团有限公司
西安绕城分公司

　　陕西交通集团西安绕城分公司成立于2006年4月，负责运营管理西安绕城高速公路。2021年5月26日，由原交通集团西安绕城分公司和机场分公司组建而成陕西交通控股集团有限公司西安绕城分公司，承担西安绕城段（80.35千米）及机场专用段（20.58千米）共计100.93千米高速公路的运营管理工作。分公司辖绕北、绕南、汉城3个管理所，19个收费站。现有工会会员1250人，其中职工代表70人。分公司曾荣获全国文明单位、全国绿化先进集体、全国交通运输企业文化建设优秀单位、全国五一劳动奖章、全国最美路姐、全省五一劳动奖章等30余项省部级殊荣。

　　分公司在厂务公开民主管理工作实践中，充分利用网站、公众号及文件、播放机、公示栏等载体，采取工作汇报、情况通报等形式发布厂务公开事项，实现厂务公开工作的及时性、真实性和实效性，做到分公司常规工作定期公开，热点问题及时公开，职工关心的问题重点公开。

一、夯实厂务公开工作基础

组织领导到位。为加强对厂务公开工作的领导，分公司党政领导班子坚持把厂务公开工作作为加强企业民主政治建设、促进企业稳定发展的大事来抓，成立了以党委书记为组长，其他班子成员为副组长，各部（室）、各管理所负责人为成员的厂务公开领导小组，使厂务公开工作始终保持"党委统一领导、行政具体实施、工会监督、职工群众广泛参与"的运行机制，为扎实推进厂务公开民主管理工作提供了组织保障。制度建设到位。为夯实厂务公开工作基础，建立健全职工代表大会组织机构，完善民主管理制度，分公司制定了《绕城分公司厂务公开实施办法》《绕城分公司制度汇编》等，进一步规范民主管理工作，使厂务公开和职工代表大会工作制度、组织原则、职责分工、工作方法等方面的内容制度化、规范化。机制保障到位。对照省级厂务公开职代会五星单位标准，查遗补漏，加大软硬件投入，对短板问题迅速强化提高。

二、突出重点，保障厂务公开工作取得实效

重点发挥职代会主体作用。多年来，分公司坚持将年度计划任务完成情况、财务预决算执行情况、党政领导廉洁自律等情况向职代会汇报；坚持就制度修订、职工奖惩措施、安全生产劳动保护措施等涉及职工切身利益的事项向职工广泛征求意见；坚持将分公司重要规章制度、生产经营情况、财务收支和预算、安全生产情况、职工代表提

案的处理和落实情况等重大事项在职代会上公开；干部任职、评定职称、领导干部党风廉政建设情况、招待费使用情况、工资奖金分配、大宗物资采购情况、各种考评办法、奖罚情况及其他职工关心的热点和涉及职工切身利益的重大问题均在职代会公开，提高广大职工对厂务公开工作的认可度。重点落实职工评议制度。分公司坚持把职工群众知情率和满意率作为考核厂务公开工作的重要指标。分公司每年组织职工代表在职代会上对分公司中层以上领导干部进行民主评议，并将评议结果及时向分公司党委汇报，有效提升各级管理干部的工作水平。重点解决职工议题议案。注重职工提案工作，近三年来，共收到一线职工关于生产、生活各类提案40余条，立案受理了32条，所有提案答复率100%，落实率保持在90%以上，对于部分在分公司权限内难以解决的问题也及时关注并上报上级。解决了一线职工就餐、住宿、子女就近入学、暑假子女托管等难题，受到职工一致好评，职工的凝聚力进一步增强，有力地推动了企业各项工作的开展。

三、以人为本，切实为职工办好实事

一是坚持为每名职工生日送蛋糕卡、观影券，夏季送清凉，冬季送温暖，每年开展健步走、春秋游等活动，走访慰问困难职工，组织职工健康体检等，使员工时刻感受到分公司大家庭的关爱和温暖；二是每年举行安全、法律、财务、收费、养护、路政等知识培训，职工教育培训覆盖率达100%；三是严格按上级政策落实职工各项福利待遇，领导带头执行职工带薪休假制度，有力保障了职工权益；四是想方设法解决职工工作、生活中的困难。

陕西省劳动竞赛
优胜集体（班组）、
优秀个人

劳动竞赛战鼓响　拼搏鏖战迎曙光

——记陕西省劳动竞赛优胜集体中交第一公路勘察设计研究院有限公司第
六交通设计院

　　中交第一公路勘察设计研究院有限公司第六交通设计院，在院领导部署下组建了一支技术过硬、工作作风良好、勇于担当、甘于奉献之师。

一、凝心聚力创一流，思想建设不放松

　　为促进高质量、高效率完成各项目，在院领导的部署下组建了一支技术过硬、工作作风优良、团结严谨、勇于担当、甘于奉献的队伍。队伍自成立以来为加强成员思想建设，通过举办思想教育讲座，参观"攀枝花三线建设博物馆"瞻仰先辈们的事迹等形式，贯彻党的二十大精神和习近平总书记的重要讲话精神。为推动设计院高质量发展，通过评定"党员先锋队""工人先锋号""青年突击队"等，切实加强队伍思想建设。

二、技能提升保质量，技术创新促生产

为高质量、高效率完成各项目，项目组全体成员认真落实领导部署，积极参与我院组织的专家讲座、技能培训、PPT制作比赛等，借以精进个人技能，培养自身创新能力。员工们除了注重自身能力的提升，同时积极探索新的技术手段在工作中的运用，如BIM建模等的应用。

三、工程创优我在先，安全生产记心间

各项目在工程规模及新技术、新工艺、新材料运用等方面均满足创优的条件，力争创省部级奖。员工们齐心协力、奋勇拼搏、凝心聚力，对待工作精益求精，臻于至善，对同事互助互爱，始终以"两路"精神严格要求自己，真正形成全公司重视质量、追求质量、崇尚质量、人人关心质量的良好氛围。员工们扎实有序开展各项工作的同时还通过组织开展安全生产讲座，成立安全生产小组，拍摄情景视频，制作警示标语等方式增强成员安全生产意识和风险辨别能力，切实牢筑安全生产防线。

各项目员工时时刻刻以实际行动传承设计院"特别能吃苦，特别能战斗，特别能奉献，特别能创新"的优秀品质；发扬土木人的"甘当铺路石精神"，诠释青春在奋斗中熠熠生辉，在奋斗中实现价值的内涵。充分发挥主力军作用，牢记使命、感恩奋进、踔厉奋发，谱写设计院高质量发展新篇章。

吹响劳动竞赛冲锋号

—记陕西省劳动竞赛优胜集体陕西交通控股集团有限公司京昆高速蒲城至涝峪段改扩建项目管理处

　　2023年是京昆高速蒲城至涝峪段改扩建项目全力冲刺建成通车之年。作为中省重点建设项目，京昆改扩建项目争当"稳增长、促投资"排头兵。管理处抓早动快，精心组织，年后率先召开项目建设动员会，以开工即大干、起步即冲刺的决心和行动，迅速掀起大干热潮。其间克服大气污染防治严格管控、臭氧污染超标常态化限时进行沥青摊铺作业、臭氧超标严控期全天不能施工、5月份持续强降雨、涉铁交叉工程"天窗"点施工限制等局限和不利因素，管理处上下一心，紧盯目标任务，以问题为抓手，以目标为导向，主动出击，变压力为动力，积极调整施工组织方式及时间，全力推进项目建设，扎实开展安全、质量管理专项行动，积极开展废旧资源回收利用等绿色公路课题研究，于9月28日提前完成通车，全面完成了目标任务，取得了显著成绩。

一、抓早动快，精心谋划通车攻坚任务

项目自2021年开工建设以来，受特殊情况影响，虽于2022年底顺利实现了右幅中面层贯通转换交通，但也存在着各单位工程推进不均衡、附属工程未进场、铁路交叉施工等断点多、剩余社会设施迁改量大、阎良立交设计方案尚未明确等问题。春节后收假第一周，管理处率先组织召开项目建设部署动员会，咬定了9月底建成通车目标任务，制定了进度、安全、质量、环保等生产措施，以背水一战、决战决胜的决心与勇气吹响了高质量建设起步冲刺的号角。

二、精细管理，匠心打造平安百年品质工程

管理处不断完善项目安全生产体系建设，扎实开展安全生产专项检查，积极落实安全生产防护措施，抓紧完成检查、排查安全生产问题的整改，确保项目安全形势稳定向好。近两年来项目无安全生产致死事件；践行工程质量管理"零容忍"理念，完善质量保证体系，规范质量管理行为，严格质量责任追究，杜绝质量隐患，确保工程质量。从质量例会、首件认可制、技术交底管理等方面夯实各参建单位的质量管理基础，积极推行标准化施工，严格践行"五化"管理，先后组织开展了"混凝土工程外观质量再提升""工程质量通病治理""夜间巡查""三背回填质量"等多项专项质量整治活动。加强隐蔽工程的质量管控，严格执行分项工程中间交验、验收合格方可进入下一道工序的流程。积极开展技术培训，组织了高速公路改扩建路基、路床、路面和桥涵拼接及路面施工技术指南编写和培训，提升了一线人员施工技术水平，规范了施工工艺。

三、科学优化，降本增效成绩显著

组织路面专家、设计、施工及监理人员，结合检测数据，按照"一段一排查，一段一方案"的原则现场优化设计，科学确定病害处治方案及范围，既保证了扩建道路整体质量，又有效利用了旧路资源节约投资，加快了路面工程施工进度。积极采取既有钢板护栏二次利用、铣刨料100%再生利用、优化既有道路病害处治及边坡防护方案、建筑垃圾填筑路基、移栽既有苗木等新举措，节约建设成本约2.5亿元，降本增效成绩显著。

四、污染整治，环境保护与工程建设同步推进

2023年3月全省大气污染防治开启严格管控，管理处高度重视，立即制订了专项行动方案，先后召开3次专题推进会，停工开展大排查大整治专项活动，加强宣传教育，将环保理念贯穿到每一个参建人员心中。细化防治措施，先后制定了"十八条"防治措施和"十七条"加强措施，坚决整治污染。开展工艺创新，通过挖掘机、装载机加装喷淋系统，运输车辆加装轮胎喷淋设备等微创新工艺，有效提升了施工过程中扬尘污染防治效果。5月西安市发布臭氧防控方案，正值沥青路面大干期间，要求每日10：00～20：00不得进行沥青摊铺作业并常态化，臭氧超标严控期则全天不能施工。环保治理导致作业受限，白天不能施工只能调整施工组织方式，加大投入实行夜间两班倒连续作业，确保了项目按期建成通车。

辉煌十数载，筑梦新征程

——记陕西省劳动竞赛优胜集体陕西铁投物流有限责任公司

陕西铁投物流有限责任公司成立于2011年，注册资本2.18亿元，是陕西省铁路投资集团有限公司全资子公司。公司主要承担西安南站铁路仓储物流货场项目的建设运营和管理业务，致力于打造西北地区最具专业化的集存储、加工、贸易、配送为一体的物流园区（平台）。

西安南站铁路仓储物流货场项目位于长安区引镇物流园区，紧邻西康铁路西安南站西侧。项目占地面积3.32万平方米，计划投资6.17亿元，建设公铁联运作业区、仓储加工区和综合配套区，建筑面积3.2万平方米，配套建设铁路专用线正线全长2千米，新铺钢轨7.07千米。项目于2022年12月开工建设，计划于2024年12月竣工，总工期为24个月。

为提升职工队伍整体素质，激发职工的责任感、使命感和拼搏精神，使他们凝聚力量、坚定信心，促进公司项目安全高效开展，加快公司发展效能，全面提升公司综合实力，公司按照"六赛一和谐"劳动竞赛的内容，结合公司实际，在项目施工单位范围内组织劳动竞赛活动，助推西安南站铁路仓储物流货场项目开展。

一、高度重视，成立机构，完善竞赛规章

为把我省劳动竞赛精神落到实处，更好地完成项目建设任务，公司成立劳动竞赛活动委员会，主任由公司执行董事闫学虎担任，成员分别是公司总经理路崇弟，副总经理刘谋、马友谊、柳洲。劳动竞赛活动委员会下设办公室，办公室设在工程管理部，负责竞赛活动的组织和指导工作。公司各部门负责人及施工单位、监理单位负责人为办公室成员。公司劳动竞赛活动委员会相继印发《关于开展劳动竞赛的通知》《劳动竞赛实施方案》等文件，让竞赛奖罚标准有章可循，检查考核易于操作。

二、精心组织，全员参与，活动成效显著

一是开展制度体系建设优化工作，制定体系建设优化清单，按月进行宣贯及制度检测，规范运营管理行为，提升管控效率和质量；二是每周上报项目工作周报，总结周工作完成情况与投资完成情况；三是公司领导包抓工程建设工作并进行分工，扎实抓好项目建设工作；四是开展项目建设"大干100天"活动，高效组织推进施工，形成规范有序、全面开工建设的局面，提高现场施工生产质量，优化项目施工管理，完成项目工程投资13432.8万元，工程建设目标任务超额完成2%，节约投资约180万元，工期加快28天；五是工程管理部全员

驻项目地办公，采用轮班制，紧盯各个工点进度，确保工程质量、安全、进度迅速推进；六是实施廉政教育经常化，加大监督检查力度，开展廉政警示教育片观看活动，保证工程施工过程中不发生廉政建设违法违纪案件；七是认真落实安全生产责任制，严格执行各项安全生产管理制度，定期开展专项检查。检查安全风险点共32次，下发了13次整改通知单，共发现93项问题，已全部整改完成，项目自建设以来没有发生过一起安全责任事故。

由于是新建项目，公司缺乏开展项目劳动竞赛的经验，竞赛开展过程中遇到了很多新的挑战，劳动竞赛工作领导小组在竞赛中提高重视，健全机制，增强职工参与活动的积极性，使项目建设不断提速，工程质量整体提升，职工业务技能不断提高，为构建我省综合交通运输体系发展作出了积极贡献！

乘风破浪正当时

——记陕西省劳动竞赛优胜班组中交第一公路勘察设计研究院有限公司西安东站高架快速路系统及节点立交工程 EPC 项目—4 标段

　　西安东站作为我国包海大通道上重要的现代化综合客运枢纽中心，是西安都市圈未来"四主一辅"客运枢纽布局的主枢纽，作为陕西省"十四五"重点建设项目，将于2025年建成。

　　中交第一公路勘察设计研究有限公司（以下简称中交一公院）承担的"西安东站高架快速路系统及节点立交工程EPC项目—4标段—长鸣路—南三环立交工程"，总投资约10亿元。本项目结合已建成的地铁五号线及西安东站交通枢纽工程，引领区域互联互通综合交通运输网络的建设，促进多种交通方式无缝衔接，推动西安轨道交通体系一体化和都市圈同城化发展。同时，该项目作为公司承担的首个国家中心城市综合交通枢纽设计项目，得到了公司领导的高度关切，公司坚持发挥党建引领主旋律，把党建工作与项目生产相结合，在成立设计项目组的同时，以党团干部作为项目组基层骨干成员，以创建陕西省"劳动竞赛优胜班组"为目标，全力开展生产工作。

项目组由道路、立交、规划、桥梁、给排水、交通、照明、电力电信、绿化景观、交通疏解、概算等11个专业组近30名技术骨干组成，其中青年员工占比约75％。项目组在"追击、赶比、安全、飞越"等4个方面呈现以下特点：

追击：从粗放式管理向精细化管理发展，由体力型管理向智力型管理发展。发挥党建引领作用，从阶段化管理、量化管理和优化管理3个方面，按流程、分阶段地精细化管理，追击同类项目最优化管理科学方法。

赶比：依据项目的特点，在确保安全和质量的前提下，分解任务，依据项目的特性和复杂多变性，不断优化设计方案，积极推广应用新技术、新理念，深化、完善设计思路，尽力避免、减少设计变更，创先争优，赶时间、比进度、比环保、比质量、比全面，最终在一个月的时间内圆满完成施工图设计任务。

安全："百年大计，质量第一。"质量是安全的基础，安全为生产的前提。项目以公司《技术质量创优评优管理办法》《集团安全生产教育培训五年工作管理办法》等相关管理办法为指导；以消除涉及安全隐患、杜绝安全事故为核心，在外业及内业期间，组内注册安全工程师作为核心兼职安全管理人员，安全质量部专家为安全顾问，发挥专业优势，抓质量、保平安、促进度、创效益，确保了外业调查及内业设计工作中全程未发生一起安全事故。

飞越：由于项目对接部门多，涉及道路、桥梁、给排水、交通、燃气、热力、电力电信、照明、绿化等市政道路专业，且项目地下综合管线复杂，加之受地铁、马腾空车城的影响，互通立交形式复杂多变，道路高架线位布设受限，桥梁结构需特殊设计；道路标准断面多样，导致技术难点增多，需要有更多的新点子、新技术的支持，增大了技术创新面。项目组在绿色设计的理念上殚精竭虑、集思广益，"扬中交风采、树行业标杆"，最终设计方案及文件质量在东站项目各设计标段中独树一帜，得到专家及业主一致好评。

项目部班组立足岗位，结合自身工作实际，深化"劳动青年勇担当"的理念，在未来工作中，将继续一步一个脚印地实践行责任与担当。

百舸争流千帆竞

——记陕西省劳动竞赛优胜班组陕西高速机械化工程有限公司第一分公司
曲太高速公路改扩建项目二工区路基桥涵班组

　　曲太高速公路改扩建项目二工区路基桥涵施工班组现有职工11人，均为大专及以上学历，在班组长王长翔的带领下，全组人员秉承求真务实的工作作风，责任明确，攻坚克难，完成总包部下达的各项施工任务。在劳动竞赛期间完成产值2000余万，创造利润200万元。

重视安全环保生产管理，严格落实各项制度要求

　　班组根据实际施工任务，坚持"安全第一，预防为主，生命至上"的原则，积极参与上级单位开展的各类安全专题培训，全员安全责任意识牢固。严格执行班前安全技术交底，强调安全注意事项及区域内作业的危险部位，特别是在应急救援方面，重视实际操作，使作业人员在突发情况下懂得如何自救和互救。严格执行交接班制度，白、夜班人员交接工作时

必须把安全生产存在的问题当面交接清楚，以便接班人员能够及时掌握安全生产情况，确保安全生产。在班组全员的努力下，未发生过机械事故及人身安全事故。

重视组员综合能力，鼓励人员不断学习提升

班组长王长翔在工作中以身作则、严格要求，充分发挥党员干部模范带头作用，带领班组人员心往一处想、劲往一处使，不怕苦、不怕累，关键时刻扛得住、拿得下。劳动竞赛期间，克服工期紧、任务重、人员少的困难，通过明确人员分工和责任，采取"5+2""白加黑"模式连轴转，全力以赴赶在计划时间节点前完成了施工任务，有力确保"9·30"二次导改及左幅通车计划。不少员工在繁忙的工作之余，利用碎片时间学习，成功考取建造师、造价师等各类执业资格证。目前通过二级建造师公路专业考试1人，通过建安，交安B证、C证考试3人。通过不断实践，班组成员的施工管理经验和专业技术知识水平不断提升，个人综合能力显著提高，成为独当一面的专业技术人员。

重视团队建设管理，提倡人才培养

班组始终贯彻公司"名师带徒"制度，为新进人员指定专业师傅，通过"老带新""传、帮、带"方式，帮助新进人员快速熟悉工作内容，适应工作环境，迅速进入工作状态。在培养新人的同时，与年轻人的交流也激发了老员工工作的新思路，提升了其创新能力，为班组注入了新的活力。班组通过严格落实员工请销假、公务用车、

费用报销等项目部各项规章制度，注重以人为本的人性化管理，完善并形成了符合班组特点的具体管理措施，内部倡导并营造良性竞争氛围，不断提升班组精细化管理水平，对标管理，创先争优。

在今后的工作中，路基桥涵施工班组将继续精诚团结，发扬优良作风，力争迈上新台阶，为项目建设贡献力量。

金秋大干正当时

——记陕西省劳动竞赛优胜班组陕西铁投物流有限责任公司工程管理部

　　工程管理部是陕西铁投物流有限责任公司建设阶段的重要部门，承担着西安南站铁路仓储物流货场项目建设工作。工程管理部始终把安全生产作为全体工作的核心，严格按照工程合格率、优良率确保安全和质量，积极贯彻落实公司的各项会议精神。坚持体现"团结、协作、安全、奉献"的管理及工作理念，做到从我做起，从细节入手，坚持团结与协作相结合，分工明确，责任到人，人人以控制差错为切入点。

一、重视安全施工，养成团结协作精神

　　按照公司竞赛方案要求，工程管理部高度重视施工安全，修订完善了《工程质量管理办法》《首件工程认可制度》《工程安全管理细则》《工程签证管理细则》《设备认质认价管理办法》《合同款支付管理办法》《工程资

料管理办法》《建设项目档案管理办法》《竣工验收管理办法》各项管理制度。全体员工在以安全为指导的前提下，团结拼搏，想方设法地完成项目的建设任务，凭着对工作的热情和爱岗敬业的精神，在公司员工面前树立了"一支敢打硬仗的队伍"的良好形象。他们紧紧围绕公司"团结、敬业、诚信、创新"的企业精神，明确岗位职责，爱岗敬业、团结协作，培养良好的职业道德。领会职业道德操守，明确岗位职责，协调同事间、上下级之间的联系，团结凝聚力量，使部门更具凝聚力和战斗力。

二、狠下功夫，扎实做好安全生产

安全生产是一项长期的、重要的工作，它关系到公司长远发展和职工的生命财产安全。因此工程一开始，工程管理部就把安全生产工作作为一切工作的重中之重来抓，在安全生产管理工作上，安排员工专职负责项目建设中的安全工作，对人工挖孔桩、高边坡、临时用电等安全风险点共检查32次，下发了13次整改通知单，共发现93项问题，已全部整改完成，项目自建设以来没有发生过一起安全责任事故。

三、抓工程技术工作，确保工程质量

为保证工期质量，2023年以来，特别是在全面施工以后，大力开展劳动竞赛，最大限度地调动全体的积极性，激励职工奋发向上，比贡献、比智慧，争先进、争荣誉，为全面完成公司2023年的建设计划作出了巨大贡献。提高职工素质，明确奋斗目标，始终保持团结拼搏的精神；狠抓思想教育，牢固树立服务意识；狠抓业务提高，切实增强过硬素质；狠抓制度落实，确保安全保质量，把每一道工序、每一个环节负责落实在每一个人头上。采用工作计划报表方式，把每天的施工任务反映在报表中。工作计划报表目标明确、操作性强，具有可追溯性。工程管理部从领导到员工，采用轮班制，紧盯各个工点进度，加班加点的同时保质保量。在部门集体的共同努力下，在劳动竞赛期间确保工程质量、安全、进度迅速推进，完成项目工程投资13432.8万元，工程建设目标任务超额完成2%，节约投资约180万元，工期加快28天。目前综合楼a、综合楼b、人防地下室主体结构已经全部完成，仓库、桩板墙、铁路、室外给排水等其他工程都在稳定有序地推进建设。

踏平坎坷成大道

——记陕西省劳动竞赛优秀个人中交第一公路勘察设计研究院有限公司第五交通设计院路基面工程设计师舒春建

　　舒春建，男，汉族，高级工程师，毕业于东南大学交通运输工程专业，研究生学历。2016年5月入职中交第一公路勘察设计研究院有限公司第五交通设计院。工作至今，他主要从事路基路面和路线总体设计工作。

　　自参加工作以来，他参与了多项国家重点工程建设，从一半沙漠、一半湖泊的三若高速到荒漠戈壁的乌尉高速，再到深入天山腹地的温昭公路，都在努力践行"特别能吃苦、特别能奉献、特别能战斗、特别能创新"的企业精神，始终以"甘于奉献、担当善为"的工作态度，尽职尽责地在公路工程勘察设计一线南征北战，为公司发展和国家重大工程建设贡献力量。

　　2016年10月下旬，公司成功中标"新疆维吾尔自治区G218线35团至若羌公路建设项目勘察设计第SRSJ-2合同段"，该项目位于塔克拉玛干沙漠东缘，需穿越塔里木河尾闾湖泊台特玛湖。舒春建作为路基路面专业负责人与项目组同事一同战风沙、走冰湖，在现场开展外业调查和内业设计，历时3个月有余，顺利完成该项目两阶段勘察设计任务，项目开工后又作为后续服务人员参与项目建设直至交工。因其负责的工作态度，被建设单位评为"2018年度优秀设计代表"。2019年底，舒春建担任"G0711乌鲁木齐至尉犁段高速公路建设项目勘察设计第WYSJ-3合同段"施工图设计项目负责人，历经两个月，徒步近200千米，高质量完成了项目施工图勘察设计工作，带领项目组成员攻坚克难，同时还参加了中交一公院组织的"科学防疫保健康、比学赶帮促发展"为主题的劳动竞赛活动，并获得一等奖；之后投入乌尉项目的后续服务工作，目前该项目进展顺利，其中库尔勒南互通至尉犁段已建成通车，成为乌尉高速首个通车路段。由于在乌尉项目中的突出表现，他连续荣获第五交通设计院2019年度"先进生产人员"荣誉称号、中交一公院2022年度"优秀设计代表"。

2023年伊始，按照公司领导安排，舒春建负责"G219线昭苏至温宿公路建设项目第ZWSJ-1~3合同段设计施工总承包"项目的投标工作，在公司领导的正确指导下，公司与中交路桥建设有限公司组成的联合体成功中标该项目第ZW-1标段。该标段是招标项目所有标段中投资额最大同时建设难度也最大的标段，其中堰塞湖路段工程设计和国内首条正穿冰川的西天山特长隧道勘察设计难度尤为突出。而根据招标文件要求，勘察设计周期仅有3个月，工期紧、任务重。作为项目负责人，他结合项目实际带领项目组紧盯目标，高效推进项目建设，围绕"工程创优、质量争优、安全生产"等方面开展工作，统筹各方面关系，精心勘察、用心设计，同时充分发挥党员的先锋模范作用，严格落实外业期间安全作业制度，注重"控事故、保安全"，安全生产实现"零伤亡"，圆满完成了项目的施工图设计任务。截至目前，该项目施工图设计文件已通过新疆维吾尔自治区交通运输厅审查，进入施工阶段。

此外，舒春建还主持、参与了多个其他公路、市政建设项目的勘察设计工作，在业余时间加强学习，取得了注册土木工程师（道路工程）和一级造价工程师的执业资格。虽然项目建设多在荒无人烟的偏僻地域，但他始终坚信"只有荒凉的沙漠，没有荒凉的人生"，数年来一直奋战在工程设计一线，在实战奋斗中实现人生价值。

当好建设"领路人"

——记陕西省劳动竞赛优秀个人陕西交通控股集团有限公司京昆高速公路
改扩建项目管理处处长石杰荣

　　石杰荣，男，汉族，1971年10月出生，1993年7月参加工作，现任陕西交通控股集团有限公司京昆高速公路改扩建项目管理处处长。

一、精心谋划，善于在竞赛中取得成绩

　　自2023年初，石杰荣组织业务部门摸清剩余工程底数，倒排工期、分解任务，经过多轮研讨，最终决定并在项目全线开展了"冬季大干""大干90天""大干100天"劳动竞赛，旨在加快项目建设速度，按期完成年度建设目标任务。竞赛中，石杰荣多次组织管理处与重点工程、控制性工程施工单位开展联合主题党日、联学共建等活动，统一参建人员思想，凝聚共识、汇聚力量，着力攻坚，较好地完成渭河特大桥、下穿铁路施工等突击建设任务；突出"抓两头带中间"的竞赛管理办法，在项目形成"后进赶先进、中间争先进、先进

更前进"的建设氛围，激发各参建单位克服项目建设环境不一、各单位工程推进不均衡、交叉工程繁杂、涉铁工程施工时间有限等困难，全面掀起路面中、上面层施工大干热潮，加快项目完成实体工程建设和38.8亿元投资任务，9月28日项目建成通车，比预定计划提前了3个月。

二、担当作为，敢于在困境中展现实力

随着国家各行业管理制度日臻完善，我省自2023年3月起，陆续开展了大气污染防治及臭氧防治，对西安周边涉及扬尘项目停工整治，对包含沥青施工项目实施白天10点至晚上8点的停工管控，臭氧超标严控期则全天停工。面对项目工期紧、环保要求严的紧迫形势，石杰荣一方面顶住压力，认真学习中省大气污染防治工作要求，动员各参建单位对照大气污染防治"7个100%"要求，从严从实从细开展项目整治，确保工程不被停工整治；另一方面从自身着手解决问题，率先开展施工车辆改造，对涉土施工的工程车辆了加装水箱及喷淋装置，争得环保部门验收同意，保证了工程涉土施工的正常秩序，为项目路基工程施工抢回工期。

三、提质增效，精于在专业中提升效能

深耕高速公路改扩建项目十余年，积攒的路基路面、桥涵拼接经验及丰富的高速公路建设知识，让他在京昆改扩建项目建设上大显身手。一是带领团队徒步260余千米逐段排查京昆线蒲城至涝峪段高速公路旧路病害具体情况，结合检测数据按照"一段一排查，一段一

方案"的原则现场优化设计，科学确定病害处治方案及范围，既保证了扩建道路的整体质量，又有效利用了旧路资源节约投资，加快了路面工程施工进度；二是结合项目富平段地质情况，借鉴以往项目高边坡绿化方案，优化项目绿化方案，减少高边坡圬工设计，节约建设成本；三是响应国家废旧利用号召，积极采取既有钢板护栏二次利用、铣刨料100％再生利用、优化既有道路病害处治及边坡防护方案、建筑垃圾填筑路基、移栽既有苗木等新举措，实现节约建设成本约2.5亿元，为我省碳达峰与碳中和作出贡献。

四、爱岗敬业，乐于在工作中无私奉献

京昆改扩建项目实施后两年来，未发生大规模、大面积拥堵事件，为后续改扩建项目施工积攒宝贵经验，具有重要参考价值。取得这样成绩，源自石杰荣的勤学爱钻、苦练本领。在方案报审前，石杰荣会同长安大学相关专业教师对京昆项目全线车流量、高峰期、易堵路段及沿线企业厂矿、群众交通出行问卷调查等多项数据进行分析、对比，不断带入草拟方案进行验算、修订，确保报送方案的制订科学、合理，便于操作、执行。

西曲、西兴、兵马俑改扩建项目自开工实施以来，多次向京昆项目取经。鉴于此，石杰荣主动建议上级单位在京昆改扩建项目召开观摩会，分享京昆项目分流保畅、路基路面工程拼接、旧路病害整治等方面的做法、经验，有效提升建设公司改扩建项目建设管理能力。当前，省内高速公路改扩建项目保畅方案、拼接方案及旧路病害处置方案基本为京昆改扩建项目方案的改进版、加强版。不仅如此，山西晋中等省外高速公路建设管理单位也前往京昆改扩建项目调研、学习。

石杰荣以良好的职业道德和高超的业务水平，团结带领管理处上下，吃苦耐劳、攻坚克难，圆满完成京昆改扩建项目建设任务，并将以一贯的作风，继续践行"夸父逐日、行稳致远"的精神，以高标准的工作要求、高效率的务实推进，为交控集团改革发展、陕西交通事业发展贡献力量。

185

桥梁之上的平衡艺术

——记陕西省劳动竞赛优秀个人陕西铁投物流有限责任公司对外协调部部长刘虎

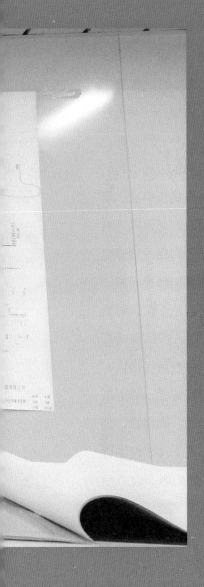

　　刘虎，男，1985年9月出生，中共党员，本科学历。现任陕西铁投物流有限责任公司对外协调部部长，负责公司项目土地报批、前期报建、中期施工（其中涉及政府、各部局、村组）、后期验收等相关工作。刘虎在日常工作中，能够以党员的标准严格要求自己，忠诚践行党的宗旨，在思想、作风上不断加强自身建设，以高度的责任感和强烈的事业心，创造性地开展工作，有效推进了公司项目的健康有序发展。

　　刘虎思想政治素质高，注重学习，爱岗敬业，工作务实，在工会工作中，能够认真学习相关政策法规，调动职工积极性；积极参与公司的各项活动，为企业健康有序发展贡献力量。一是以开展党史学习教育活动为契机，引导职工强化理想信念，在工作中争先创优，在生活上传承好家风。二是将企业精神文明建设和工会活动相结合，带头参加上级和公司举办的消防、安全应急演练和培训考试等活动，凝聚人心，增强合力。

　　本次在陕西省铁路集团劳动竞赛委员会的带领下，在公司竞赛领导小组的指导下，刘虎主要开展了以下工作：一是办理完成项目用地规划审批、道路红线绘制、地块详则编制、补偿清册编制、消防备案、地块详则第三方审查、西安市城市信息发展公司技术审查等相关工作；二是取得项目的可行性研究报告延期批复、办理不动产登记证、建设用地规划许可证、工程规划许可证、施工许可证、文物局供地意见等批复文件；三是征地方面完成项目用地测量、迁坟、协调涉事村组及街道办事处开展项目用地封闭等工作；四是在劳动竞赛期间，积极协调长安区住建局、环保局，鸣犊街办，引镇街办，常宁管委会，引镇管委会，区治污减霾办、环境办、重点项目办、发改委、节能建筑办公室及建筑管理站等相关部门，解决项目施工过程中村民阻工、市政配套缺失、文明施工管理、备案延期、节能建筑审批、项目办公楼主体验收、静载实验检测等相关问题；五是联系环保局开展项目施工环境保护宣讲工作；六是协调区政府相关部门和相关领导组织召开项目协调会、推进会，汇报项目建设过程中存在的各类问题；七是联系区财政局、资规局，积极跟进公司垫付资金退款工作，有效推进解决了公司资金紧张的问题；八是联系国铁公司、国铁咨询公司、工程公司、计统部、土房部、西安工务段开展项目专用线接轨、运能损失费、施工图设计评审、费用谈判、临近既有线施工、临近既有线租地等工作，同时为提高工作效率，加强部门管理，陆续修订完善部门《对外协调管理办法》《对外协调资料管理办法》《建设项目报建管理制度》等文件，明确了部门职责、业务开展内容、业务范围、梳理属地管理报建、验收所涉及的部门及流程。落实责任人，精确分工、严格把控办理事件的时间节点。牢固树立廉洁自律意识，严格执行"五个不许""八个严格禁止"等相关规定，确保项目建设平稳有序。由于工作踏实勤奋、细致严谨，刘虎多次被评为公司先进工作者，其所在部门也多次荣获先进集体称号。